JN062309

新編 生命の實相 第58巻

功徳篇

宝樹華果多し

谷口雅春

Masaharu Taniguchi

光明思想社

編者はしがき

本篇『功徳篇　宝樹華果多し』は、二十四名の体験談を収録した「体験談集」である。その書名「宝樹華果多し」は『法華経』の「如来寿量品」にある一句であり、「宝の樹には多くの花や実がなる」ほどの意味であろう。それは、谷口雅春先生の説く真理は神御自らが説く真理であり、病苦、経済苦、人生苦という暗黒の苦しみに呻吟する人々の上に、光明の真理の雨、即ち「甘露の法雨」が降り注ぎ、その「法雨」を一身に浴びて救われていくその功徳こそ、「宝樹」に咲く花であり、果実である。

本書収録の体験談は、「生命の実相」の教えによって、生きるか死ぬかの瀬戸際に追い込まれた人々に次々と道が開かれ救われていく記録である。難病と宣告され、死を覚悟した病人が奇蹟的に生還した体験から日常的な些細な喜びの体験まで、実に様々な体験談が収録されている。

このような体験談は本書第五十八巻のほかに、新編『生命の實相』第十一巻『実証篇　生長の家の奇蹟について』でも延べ三十二名の体験談が収録されている。また、『生命の實相』全巻にわたって数々の体験談が紹介されている。

谷口雅春先生は体験談を大変尊んでおられた。全国各地で行われた谷口雅春先生の講演会、講習会では必ず体験談の発表があり、谷口雅春先生は、登壇した体験談発表者の話を熱心に聞かれ、合掌して体験者を拝んでおられた。

なぜ谷口雅春先生は体験談を重んじられたのか。それは、「生命の実相」哲学は、単なる宗教理論、哲学理論ではなく、神によって示された「救いの原理」であるからである。谷口雅春先生の教えは、現実の、この世の悩める人々の生活に劇的変化を生じさせる。まさに人々を救うために現れた「救いの教え」であるからである。

谷口雅春先生は次のように述べておられる。

「しばらく私の挙げる事実を見よ。『生長の家は病気なおしをするところではない』と、幾たびも、私は神誌『生長の家』で宣伝したのであった。それにも拘らず、これを読みて信ずる者は、或は突如として病が癒え、或は速かに癒されて健康に復しつつある。今まで癒やされた病気のうちには、結核も、カリエスも、胃癌も、数年難治の神経痛もある。それは決して私の名文の力ではないのだ。また我が霊力のハタラキでもないのだ。それは、神が読む者の心を祝福したまい、その者の魂に光明を投げかけたまい、生命の真理、生命の実相を知らしめ給うたからである。例を挙げると、先日、某県の退職老校長の令嬢の精神病の遠隔治療をたのまれた。私はその人に告ぐるに、病気を治すはわが精神統一力や霊力によるのでない。神が神の言葉を読む者の心を祝福したまい、『生長の家』をひろめて、神の起し給いし人類生活光明化運動に参加する者に、神が救いの霊波を与えたまいて、迷いを去らしめ、苦しみを柔げ給うのである」（新編『生命の實相』第十一巻六〜七頁）

ここに言う「神の救いの霊波」とは、自分とは遠く離れた天国浄土から神がやって来て「救いの霊波」を自分に照射してくれるという意味ではない。そのことを谷口雅春先生は次のように述べている。

「生長の家の光明書籍類は諸君自身の内に宿る力を指示するために執筆されるのである。他に依頼する心を持つ者は躓くであろうが、自己の内に埋蔵されたる宝庫の方へ幸いに振向く人は救われるであろう。救いの力は諸君自身の内にあるばかりであって、私はその在り所を指示するだけである。吾々の光明思想に諸君の心が転向した結果病気が治るというのも諸君自身がそういう思想になった結果であって私はただ指すのみである。文章の力による指し方が懇切丁寧を極めているので、文章の力が病気を治したとも謂い得るが、精しくいえば文章の力は、よく諸君の心を振向けただけである。そこに自己内在の光を見、そこに自己内在の無限の力を見出すのは諸君自身の力であって私の力ではないのである。光栄は諸君自身の『内』にこそ帰せられるべきものであって、私はただ喇叭であり、指南車である。指を月と間違え私の書いた符号を本物と取違える者は実相を見ることが出来ないであろう。私はただ諸君を振向かすために、文章で叫ぶだけに過ぎないのである。

私という人間を尊敬せずに真理をこそ尊敬せられたいと思う」（本書二〜三頁）

本書に収録された二十四の体験談は大変読み応えのあるものに溢れている。

たとえば、十一人の大家族が「生長の家の生活」になってから家の中が和やかになり、笑い声が絶えず、病気する者もいなくなった。いつも春風の吹くような家庭となった。

あるいは、出産を機に体が衰弱し、医者は結核と十二指腸虫がたくさんいて、もう助からないとの診断だった。そのとき、夫に『生長の家』誌と『生命の實相』を読むよう勧められ、読み進めると、「病気は本来なかったのだ。自分は悪夢を見ていたのだ」と気づき、そして自分には感謝が足りなかった、と気づいた。そして再び医者に行くと、「不思議だが前よりずっと良くなっている」と言われた。

あるいは、頑固で厳格な性格で妻と子供を苦しめていた夫であったが、生長の家に触れ、その教えに感動し、布団をかぶって大粒の涙を流し反省した夫がふと気づくと、妻の泣く声を聞いた。妻は泣きながら夫に「自分が悪かった」と詫びるのだった。そして気づくと夫の長年の胸膜炎の圧迫感は消えていた。また、十三年来の子供の寝小便が止まっていた。

あるいは、蜜柑倉庫に鼠が入り打撃を受けた蜜柑栽培農家が、調和の心を起こし、家族同様の愛で接すると鼠の被害は皆無となった。また、蜜柑苗木栽培で優等賞を受賞した。

以上は本書の中の一部の体験談だが、ぜひすべての体験談を読了して頂き、『生命の實相』がいかに「神の救いの霊波」を発する聖なる書物であるか、そして「神の救いの霊波」と谷口雅春先生の渾身の文章の力が相俟って人を現実的に救う偉大な力を有しているか、を再確認して頂ければ幸いである。

令和五年七月吉日

谷口雅春著作編纂委員会

功徳篇

宝樹華果多し

目次

功徳篇　宝樹華果多し

凡例

一、本全集は、昭和四十五年～昭和四十八年にわたって刊行された愛蔵版『生命の實相』全二十巻を底本とした。本書第五十八巻は、愛蔵版第十八巻『功德篇』を底本とした。

一、本文中、底本である愛蔵版とその他の各種各版の間で異同がある箇所は、頭注版、初版革表紙版、黒布表紙版等を参照しながら確定稿を定めた。

一、底本は正漢字・歴史的仮名遣いであるが、本全集は、一部例外を除き、常用漢字・現代仮名遣いに改めた。

一、現在、代名詞、接続詞、助詞等で使用する場合、ほとんど用いられない漢字は平仮名に改めた。

一、本文中、誤植の疑いがある箇所は、頭注版、初版革表紙版、黒布表紙版等各種各版を参照しながら適宜改めた。

一、本文中、語句の意味や内容に関して註釈が必要と思われる箇所は、頭注版を参照しつつ脚註として註を加えた。但し、底本の本文中に括弧で註がある場合は、例外を除き、その箇所のままとした。

一、聖書、仏典等の引用に関しては、明らかに原典と異なる箇所以外は底本のままとした。

一、頭注版『生命の實相』全四十巻が広く流布している現状に鑑み、本書の章見出し、小見出しの下の脚註部分に頭注版の同箇所の巻数・頁数を表示し、読者の便宜を図った。

一、本文と引用文との行間は、読み易さを考慮して通常よりも広くした。

一、本文中に出てくる書籍名、雑誌名はすべて二重カギに統一した。

功徳篇

宝樹華果多し

自己内在の光

生長の家の光明書籍類は諸君自身の内に宿る力を指示するために執筆されるのである。他に依頼する心を持つ者は躓くであろうが、自己の内に埋蔵されたる宝庫の方へ幸いに振向く人は救われるであろう。救いの力は諸君自身の内にあるばかりであって、私はその在り所を指示するだけである。吾々の光明思想に諸君の心が転向した結果病気が治るというのも諸君自身がそういう思想になった結果であって私はただ指すのみである。文章の力による指し方が懇切丁寧を極めているので、文章の力が病気を治したとも謂い得るが、精しくいえば文章の力は、よく諸君の心を振向けただけである。そこに自己内在の光を見、そこに自己内在の無限の力を見出すのは諸君自身の力であって私の力ではないのである。光栄は諸君自身の「内」にこそ帰せられるべきものであって、私はただ喇叭であり、指南車である。指を月と間違え私の書いた符号を本物と取違える者は実相を見ることが出来ないであろう。私はただ諸君を振向かすために、文章で叫ぶだけに過ぎないのである。

私という人間を尊敬せずに真理をこそ尊敬せられたいと思う。次に掲ぐるは、光明思想の講習会に参加した講習生がその席で衆人環視の中で起上って話した体験談であって、速記者は超中根式速記の名手倉橋公宣君である。

無限力の発現

与田伊佐夫

私は長崎の三菱電機株式会社に働いております与田伊佐夫と申します。

私の家は大へんな大家族でございまして、只今両親子供を合せまして十一人もいるのでございます。この大家族が生長の家の生活を生きるようになり、内に外に笑いの絶えない幸福な天国に救い出されましたのは、全く白鳩誌友であられる松井さんの奥様のお導きのお蔭と存じ深く感謝しているのでございます。この私一家の救い出されました事につきましては、既に福岡市にありました講習会の体験発表の席で不満足ながら発表させて戴きましたので、その後のことを少し申上げさせて戴きたく思います。

私が福岡の講習を受けましてから一ヵ年余り経ちますが、その間に家内は『白鳩』の誌友、子供は『光の泉』の誌友として段々と家の中が明るく

宝樹華果多し 『法華経』「如来寿量品」第十六「自我偈」に説かれる実相の世界のありさま。極楽浄土の七宝で飾られている木に宝の花や果実が多くあるさま

転向（前々頁） 方向や立場などを変えること

懇切（前々頁） 手厚く親切なこと

指南車（前頁） 古代の、仙人の木像が常に南の方向を指し示す車

衆人環視（前頁） 多くの人々が取り巻いて見ているさま

超中根式速記（前頁） 大正初期に中根正親が考案した中根式速記法を中根正世らが継承して発展させた速記法

頭注版㉟一五一頁

三菱電機株式会社 大正十年に三菱造船の電機製作所を継承して設立した総合電機メーカー

なって参りましていつも和やかな春風が吹くようになって参りました。そして笑い声とお経の声が家に満ちるようになったのでございます。これを数年前迄の我が家の空気と比べます時その変り様の甚だしいのに全く驚き、只有難さ、嬉しさの涙が出るのでございます。今度のこの講習会に一族六人連れで受講することが出来ました事などはこの上もない有難いことでございます。

私など会社に働いているのでございますが、外にいましても吾が家のことは気にもかからず安心して御仕事が出来ますし、家のことを思い出しましては嬉しさと有難さのみ感ずるのでございます。

こんなに家の中が明るくなりましたのも思えば谷口先生のお蔭でございます。又松井さんの奥様の御蔭でございます。いつも有難く有難く感謝しているのでございます。家の中が明るくなりましたら病気する者もいなくなりまして、新しい治病の体験などもなくなったのでございます。それで次に私

『白鳩』 昭和十一年三月創刊。生長の家本部発行。婦人向け月刊誌として著者夫人の谷口輝子の誕生日に発行された

誌友 狭くは月刊誌『生長の家』の読者を指し、広くは「生長の家」信徒を指す

『光の泉』 昭和十一年三月創刊。初心者及び工場勤務者のための教えの入門誌

自身の性質が次第に変って来ていますのに近頃気附きましたので、それを話させて戴きます。

私は若い頃から至って小心者であったのでございます。この講習会に列席しています私の父は、よく私へ「臍下丹田に力の入った人間になれ」といっていました。ある時はどこから聞いたのか、丹田帯とでも言いそうな腹巻をすすめた位でした。まだその声は耳に残っています。そんな小心者でありましたので、色々の事にぶっつかった時折角神の声を聴きながら第二の心が出て来て、神の声、良心のささやき通りに断行する事が出来ないことが多かったのでございます。

もの事にぶっつかった時には誰にも神の声というのでしょうか、良心のささやきというのでしょうか、そんな声が直観的に来るのでありますが、小心者には、これを素直に断行する気力が無くて「けども……」とか「だが……」とかいって直ぐ引込んでしまうのであります。私もその一人であ

小心者　気の小さい人

臍下丹田　下腹部のへその下のあたり。ここに力をこめると気力がみなぎり、心身ともに充実するとされる

断行　強い態度で実行すること

直観的　心の眼で物事の本質を直接にとらえるさま

ったのでございます。

ところが「生長の家」に依って自分が神の子仏の子であって無限の生命、無限の力に生かされていることを知らして戴き、一方三界は自分の心の現れであることをも悟らして戴きましたので、全てを善と観て神の道に素直に従うことが出来るようになって来たのでございます。本当に善に強い人間になって来たのでございます。最近のように重工業方面の仕事が忙しくなって参りますと、私の会社でも仕事が山積されるのでございます。神の子の自覚に入って来ました私は、無限の力無限の生命に結ばれているのですから疲れることなど考えなくなりましたから、その仕事に一心になり居残って夜の七時や八時迄も働くのでございます。それは一日や二日ではなく毎日毎日でございますから直ぐ会社の人々の間に評判が出るようになったのでございます。評判の中には「あの人はサバケヌからだろう」とか「あの人は手当が欲しいんだ」などとケチなことをいう者もあるのでございます。す

三界 衆生が生き死にを繰り返して輪廻する三つの世界。欲界、色界、無色界

山積 処理すべき問題や仕事がたくさんたまること

サバケル うまく処理できる

手当 基本給の他に諸費用として支払われる金銭

ると小心者で世にいう善人であった私などは、直ぐ心の中でブツブツ煩悶したりその人々をサバク心が出ていたのでございます。そのために病気をしたり負傷したりしていた事に今思い当るのでございます。しかし今日では「生長の家」の御教えに依り「働きが生命であり、働きの中に神を見出した」私でございますから、仕事をしながら有難い神との一体観を味っているのでございます。だから、人の批評などは自然と耳に入らなくなって来たのでございます。それで人をサバク心も反抗する心も起らなくなりまして毎日毎日の仕事が唯有難く感謝されるようになって来たのでございます。吾が生くるは吾が力ならず、吾が為すは吾が為すにあらず、全て天地を貫きて生くる祖神の御生命による事を悟らせて戴きました私には、疲労とか取越苦労などは無くなりまして、幾日でも無限に居残りも続くのでございます。それでいて本当はこの肉体は疲労しないのでございます。身体は益々健康となり、仕事は今迄よりも捗どり、会社の規則通りの御手当も自然と入って来る

煩悶　いろいろと考え悩むこと

のでございます。これはお断りするわけにも行きませんから、只有難く頂戴しているような次第でございます。こうした強い、しかも非常時に誂え向きの心境になって働く事の出来るようになりましたのも「生長の家」の御蔭と深く感謝しているのでございます。

いつも春風の吹くような和やかな家庭に成らして戴きましたのも、また、私の善に強き性質を引出して下さいましたのも谷口先生の御蔭であり、又松井さんの奥様の御導きの御蔭に依るものでございまして、いつもいつも感謝しているのでございます。昨今はこの喜びと、この有難さを求道の友に伝えないではいられないので、機会ある毎に「生長の家」の話をさせて戴いているのでございます。更に更に自己を深く掘りさげ、精進致しますと共に、この光明思想が一般に一日も早く普及されん事を祈りおる者でございます。

最後に谷口先生と奥様に対し、先日から無理な御願いを致しましたとこ

非常時 事変や戦争などの非常な事態の起こった時。昭和七年の五・一五事件以降に国内で用いられた語

誂え向き 注文して作らせたように希望通りであるさま

精進 ある物事に打ち込んでひたすら励むこと

ろ、お聞きとどけ下さいまして、御多忙中にもかかわらずこの長崎の光明化のために御来駕下さいました事をここで厚く厚く御礼申上げます。有難うございました。（長崎市出来大工町一五）

道を求めて

池本泰次郎

かつて私は心の救いを求めて阪神地方の仏教会館に幾度か出入りしたことがありましたが、その頃二人の知人から「生長の家」をすすめられました。が神縁いまだ熟さず、さりとて、環境の情勢は益々窮迫し、とうとう職務にも堪えることが出来ず、長崎にやって参り、それから約一ヵ年間苦悶の日が続きました。そして、或る日ふとした機縁から「生長の家」の支部を訪ねますと「お寺の坊さんは死んだら御経をあげて仏にしてやるというが、『生長の家』は生きてるままで仏にしてやるというのだ」と森先生がお

来駕　他の人が訪問することを敬って言う語

頭注版㉟一五五頁

仏教会館　旧大谷仏教会館と思われる。昭和九年十月十日に著者による講演会が催された。本全集第二十巻「万教帰一篇」中巻第四章参照

窮迫　経済的に行き詰まって生活に困っている状態

苦悶　もがき苦しむこと

機縁　きっかけ。縁

支部　本書執筆当時の支部は著者の設立した株式会社光明思想普及会の支部の意。各自の居住する地域で『生命の實相』をはじめとする聖典の頒布を担った

っしゃいまして、このお言葉が何んの雑作もなく私の心に鳴り響いてきたのであります。これがつまり私の入信の動機でありまして、ちょうど昭和十一年八月末のことでございました。

で、私は何故そんなに必死になって道を求めましたかという事から申上げねばなりません。それは人が十年先の心配をするならば自分は既に棺桶の準備をしておこう。又私が子供を抱いて散歩している時に通行人が「まあ、可愛い坊っちゃんだこと」などとお世辞をいってくれましても「可愛かろうと憎かろうと放っておいてくれ。余計なお世話だ」といったふうに心の中で反撥するのが私の心境でございました。ですから、これだけ申上げれば、私の父母妻子に対する態度、また社会生活の心構えがどんなものであったかということも御想像がつくことと思います。その結果、ちょうど六年前で私が三十五歳の時でしたが、私は極度の神経衰弱となり、全身ことごとく均衡を失い、日夜生苦病苦に心をさいなまれることとなったのであり

雑作もない　わけもない。たやすい

神経衰弱　心身過労などを誘因として神経系統の働きが低下し、神経過敏・脱力感・不眠などの症状を呈する疾患。アメリカの医師G・M・ビアードが一八八〇年に初めて用いた用語

均衡　つり合いが取れていること

生苦病苦　仏教語。人間が避けることのできない四つの苦しみ「生老病死」のうちの二つ

ます。腹を切れば痛いし、毒薬を服めば苦しいし、といって、こうして生きているのも面白くない、面白くないばかりか苦悶でさえあるといった様子でありました。

さて、そうした自分ながら持て余したような私自身がどうして「生長の家」によって救われたかといいますと、別に皆様と御同様たいした努力を払ったわけではなく『生命の實相』を拝読していますうちに自然に心の持ち方が変ったのであります。心が変ると同時に私の肉体は大転換を始めまして、旬日にして水枕のように肥満していた身体が中肉中背の常態に返ってきました。一方心境の方は三段階に変化しまして、入信後六ヵ月ばかり経ちますと、全く光輝燦然たるような心持になりまして、朝夕喜悦満々、神の子そのものの生活に跳入し得たのであります。十四年間音信を絶っていました大阪の実父と和解したのもその頃のことでありました。

然るに程なくまたもとの苦悶の生活に陥ったのでありました。その原因

『生命の實相』 著者の主著。昭和七年一月黒革表紙版が発行されてより各種各版が発行され、現在までに二千万部近くが発行されている
旬日 十日間
水枕 水や氷を入れて使うゴム製の枕
中肉中背 ほどよい肉付きと背丈
常態 平常の状態
跳入 とび入ること
然るに ところが

は、悟りに引っかかって、大いに悟境に入ろうとして焦りすぎたこと、因縁の理法を知るは縁覚だけれど、その因縁に縛られるは邪道だという谷口先生の御戒めの一ヵ条に触れたこと、これに乗じて霊界からの作用を受けたこと、この三つが原因となっていたのであります。かつての苦しみは貪瞋痴から来るところの汚濁の苦しみでしたが、今度は自己向上の苦悶ですからむしろ清 浄な苦しみともいわれましょうけれど、それだけに半面にはその重圧は堪え難いものでございました。そして、この重圧に屏息すること七ヵ月、幸いにして昭和十二年の記念号の『生長の家』誌にて一切の解決を得さして戴きました。それから養母の心からなる諒解を感謝しながら、大阪にいます実父と継母を引取りましてお世話さして戴くことになりました。

実は私には霊界と現象界に母と名のつく人が五人いますが、現在の私には五人いようと十人いようと大した問題ではなく、それに要する物質は必ず与えられるものと堅く信じて日々の生活を楽しませて戴いているのでありま

悟境　悟りの境地
因縁の理法　物事が因と縁との結合で生ずるという法則
縁覚　一人で悟りをひらき、それを他人に説こうとしない聖者
邪道　正しくない道
貪瞋痴　三つの煩悩。貪欲・瞋恚(しんに)・愚痴。むさぼること、怒ること、愚かなこと
汚濁　よごれてにごること
屏息　息を殺してじっとしていること。また、おそれて身を縮めること
記念号　昭和十二年十一月発行の「生長の家記念日臨時号」を指すと思われる
『生長の家』誌　著者の個人雑誌として昭和五年三月一日に創刊された。本全集第三十一～三十三巻「自伝篇」参照

す。以上を以て今日の私の生活は全面的に如何に大改革せられたかということは、充分御賢察願えることと存じますが、では何が私をかくあらしめたかと申せば世の中のすべてのものを、「自他一体」という台の上に乗せてこれを善悪に区分すれば、悪の分野は意外に尠いという事実に逢着したためでございます。更にまた、その選別の仕方如何によっては「悪」なるものは一切世の中に存在しないという自覚も半ば手伝っているのであります。また自分を立てようとすれば行詰り、己を捨ててかかれば却って自分が立派に立つということも日増しに実証されてゆくからでございます。これ偏に谷口先生の御高徳の御蔭でございます。（下略）（長崎市桜馬場町一五五）

賢察　相手が想像したり察したりすることを敬って言う語
かくあらしめる　このような状態にさせる
逢着　行き着くこと

死の宣告を受けて

三宅玉子

頭注版㉟一五八頁

私は岡山市の三宅玉子でございます。私は、自分の恥を申上げるようでございますけれども、非常に不平の多い、そうして皆から何かいわれますとくよくよ気になる女でございました。そうしてそれが凝りかたまりまして、一昨年の十二月に女児を分娩致しましてから痴呆のようになりまして、頭が悪くなり身体が衰弱致しました。そうしたら泣き面に蜂と申しますか、五月に子供が怪我を致しましたのです。それも私の心に非常に影響いたしまして、私の衰弱は益々加わり七月頃には幽霊のように痩せ細りましたのです。そして、お医者さんに心易い方がございましたので、その方に診て戴きましたら夏痩せだろうと被仰いますので、宅が薬局でございますからお薬も誂え向きのものを戴きますし、注射も充分して戴きまして、色々手を尽しましたのですけれども、衰弱は益々加わり、そして二回程卒倒したのであります。

　それから普段心配性の母はよけい心配しますし、やはり心易い赤十字の院長さんがございましたので、その人に血液検査やら、身体の隅々まで検

痴呆　老化や疾患によって、知的能力が低下した状態

泣き面に蜂　不運や不幸なことの上にさらに不運や不幸が重なること。「江戸いろはカルタ」の一つ

心易い　親しみやすく遠慮のない。気心の知れた

卒倒　突然意識を失って倒れること

赤十字　日本赤十字社の運営する病院

査して戴きました結果、結核二期でおまけに十二指腸虫がたくさんいると被仰る。そして十二指腸の方を治療しようとすれば、結核の方が出来ない、結核の方をよくしようと思えば栄養は充分に摂れぬというわけですけれど、しかし今だったら治療をすればする価値があると被仰ったのです。その時私は母と二人でお医者様に参りましたのですけれど、私は来るべきものが来たといったような感じで、割合心も平静でございますし、死ぬるというような気は一つもしませんでした。そして病院から帰ります途中、母が「お医者様が入院せよと被仰るんだがどうする？」といいますので、私は「入院なんかはしたくありませぬ」と申しました。そして帰りまして、二階六畳の間を私の病室に決めまして療養することになりましたのですが、その夜母が蚊帳を吊りに来てくれて私に申しますのに「お前にはちょっといいかねるが、後でお医者さんに訊きましたらとても駄目だと被仰ったよ」というのです。その時さすがに四人の子供が……それも乳呑児がございます

結核二期　結核の軽い症状から、一期・二期・三期と分類されていたが、現在はそうした区分はつけていない

十二指腸虫　十二指腸や小腸上部の空腸などに寄生する鉤虫（こうちゅう）。貧血や消化器・循環器などの障礙をひき起こす

平静　静かに落ち着いているさま

蚊帳　蚊を防ぐために、四隅を吊って寝床を覆う道具

ので、その夜はまんじりともせずに明したのでございます。

その翌る朝、夫が私の部屋に入って来まして「もうお前はこうなった以上は神仏に頼るより仕方がない」と申しますのです。申しおくれていましたが、夫が昭和七年に誌友にさせて戴いておりまして、いつも私に「本をよく読め」といわれていたのでございますが、私ちっとも読まずにいたのでございます。そして、その朝夫は、その昭和七年からの『生長の家』誌と『生命の實相』を山程私の枕辺に持って来て下さったのでございます。

その時私は初めて「これでなければ助からぬ」という気持が湧いてきまして、全集第十一巻の『甘露の法雨』の御講義の篇でございました、あれを二、三頁読んでみまするうちに「ああこれだ!」と再び強く感じたのです。

それは、今まで私は、病気はあるあると思っていたが、本当はこの病気は無かったのだ、私は大きな悪夢を見ていたのだ、と思い直しまして、もう私は今日から——食慾はちっともなかったのでございますが——もう病気

まんじりともしない 少しも眠らない

第十一巻 本全集では第三十五・三十六巻「聖典講義篇」上・下巻

『甘露の法雨』 昭和五年に著者が霊感によって一気に書き上げた五〇五行に及ぶ長詩。『甘露の法雨』の読誦により、今日に至るまで無数の奇蹟が現出している

なんかない、人間は神の子だからどんなものを食べてもいいのだと思ったのです。そしてそのお昼の食事の時にお結びを三つ、それからお菜を全部戴きました。

それから私は又すべての人に感謝の念が足らなかったと思いましたのです。それで私はああ過去の自分は悪かった、御神示にあります通りすべての人に感謝し、天地万物に感謝しなければいけない、ということを悟らせて戴きました。そして、その翌日でございますが、今まで随分下痢が激しかったのでございますけれども、それがぴったり止まったのでございます。それから熱もちっとも出なくなりますし、それから、おかしいことを申しますようですが、私は月経が六十日目位にあったのでございますが、それがその月からもう順調にあり出したのです。

それから、母がやはり非常な仏教信者でございまして、かつて自分が四年間患って、医者から手を放されました時、一所懸命で信仰しまして助け

お菜　おかず

御神示　「神示」は著者が神から受けた啓示で三十三ある。ここでは本全集第一巻巻頭にあり、後に「大調和の神示」と命名された「『七つの燈台の点燈者』の神示」を指すと思われる

て戴きましたそうで、私もその式に習いまして「光明真言」をしたのでございます。朝三百、昼三百、夜四百というふうに決めまして毎日それを繰りまして、そうしてその合間には『生命の實相』を読ませて戴き、「神想観」を致し『甘露の法雨』をあげ、まったく道場に入った気持で暮していました。

それから、二、三日しました時分に、夜半に子供が非常に泣きますので、どうしたのかと思っていますと、毎朝おしっこをしているといわれるのでございます。それで私はその泣声とお祖母さんの叱っているのを見まして、ああ、お祖母さんに気の毒だ、子供が可愛い、どうしたらいいか？と思いまして、さっそく便箋に鉛筆で走り書で、谷口先生に御手紙を出しましたのですが後で走り書などして済まなかった、失礼しました、と思いましたけれども、出した以上どうしようもありませぬから、私はくよくよ思うよりも、それより子供の実相を拝み、お祖母さんの実相を拝みまして、ちょうど夜半の三時頃でしたが、三十分ぐらい一所懸命に神想観をいたしました。そ

式　定まった形式や方法

光明真言　真言密教で唱える大日如来の真言(真理の言葉)。「唵(おん)・阿謨伽(あぼきゃ)・尾盧左曩(べいろしゃのう)・摩訶母捺囉(まかぼだら)・麽(まに)・鉢曇麽(はんどま)・入縛攞(じんばら)・鉢囉韈哆耶(はらばりたや)・吽(うん)」

繰る　ここでは二十六文字で書かれた光明真言を唱えた回数を順々に数えること

神想観　著者が啓示によって得た坐禅に似た観法。本全集第十四、十五巻「観行篇　神想観実修本義」参照

して、私は神様に子供を御預けしました。すると、あくる朝お祖母さんが私を訪ねて来て「何ということだろう、昨夜は私もよく寝るし、それから子供もおしっこはしなかったよ」といわれるのです。実はその時の嬉しさといったら譬えようもございませんでした。私は本当にお祖母さんのそういう言葉を聞きまして「ああ！　有難い、神様！　生長の家の神様！　先生有難うございます」といって拝みました。それから一週間程、夜半の三時頃には私は必ず眼が覚めますので、その度に神想観をしておりましたら、もうそれからずっとおしっこをしなくなりました。

　それから十五日目でございました。母が「今日は一度お医者に行って来い」といわれますので私も「行きます」といって起きましたのですが、どうも気が進みませぬ。そこで、さて、どうしようかと思って顔を洗って、御祓を三回あげましてちょっと鏡を見ました時に、まあ！　何というか？　お腹のここに（手にて腹をおさえる）真円い姿、それは白でもなし、水色でもなし、本当に綺麗な澄み切った姿でございます。それで私は「あッ！　なんでしょう！」と思いまして、それからなおよく見ますと、やはり見えるのです。それで、私はこれは神様がお出で下さったんだと思いまして、それから嬉しくなりましてお医者へ行きましたのです。するとお医者さんがあちらこちらと私の身体を診ておられましたが「三宅さん、前よりずっと宜しいですよ」といわれまして「どうも不思議じゃね」と被仰る。その時私は「不思議なことがあるものですか、私は神の子ですもの、病気なんかないんです」と、本当にそういいたかった。そして私は、本当に有難くってほろりと涙がこぼれたのでございます。

それから私は毎日感謝感謝の日々を過させて戴いておるのでございます。そして講習さえも受けさせて戴きまして……、本当に有難うございます。（岡山市中納言町八一）

家庭光明化す

大森知義

私は今年の七月に神縁に触れて生長の家の誌友にならせて戴いた者ですが、それ迄の私というものは本当に頑固な、理窟っぽい、思いやりのない、それこそ迷の雲に蔽われた現象的な唯物的存在でしかなかったのです。それが或る動機から、小路さんに伴れられて仏通寺の誌友会に於ける木原しづまさんのお話を聴かされたのです。木原さんのお話を聴いていると何かしらやたらに涙が湧いて出て、頑固なまるで鬼のような私でも泣かされてしまったのです。その言葉の中に『甘露の法雨』や「『七つの燈台の点燈者』の神示」を拝誦する時の気持はいつも自己反省であるとの言葉がありまして、ソクラテスが一見して正覚を得たといわれるデルフォイ宮殿の「汝自身を知れ」の金言も思い出され、したたか胸を打たれたのです。その

頭注版㉟一六三頁

仏通寺 応永四年開創。広島県三原市の臨済宗仏通寺派の本山。山号は御許山

誌友会 月刊誌等をテキストとして、信徒同士が自宅等で開く研鑽会

ソクラテス Sokrates 紀元前四七〇頃〜前三九九年。古代ギリシャの哲学者。アテネの法廷での弁論は弟子プラトンによる『ソクラテスの弁明』等に記されている

デルフォイ Delphoi 古代ギリシャの都市国家。アポロンの神託地。中部ギリシャ諸国で構成する隣保同盟の聖地

金言 戒めや導きとなる尊い言葉

胸で木原さんの「招神歌」や「『七つの燈台の点燈者』の神示」拝誦のみ声に接した時、本当に胸がわななくような感激に満たされてしまったのです。私はここに於いて生長の家のみ教えは実に宏大無辺であって、吾等凡夫の救われる道は正しくこれだ、この他に何もないという事を知って、非常に喜んだのであります。そしてその感激に満たされた胸をしっかり抱いて帰宅し、早速神想観の真似事をちょっとやって床に入り、過去十三ヵ年の結婚生活の段々を審さに反省したのです。すると、今迄自分自身で正義だ善だと考えてやっていた事が悉く利己的な我慾に満ちた独善であって、何一つ人間らしい気持でやって来ているものが無いのです。私はそこで妻や子に対して心から謝罪し感謝し涙を零したのです。

私は妻や子に対しては本当に頑固であって、明けても暮れてもちょっとした事にでも眼を三角にして叱り飛ばすのが日々の仕事であり、仮りにも妻子を賞めるような事はなかったのであります。それは固より私の天賦の性

招神歌　神想観を始める時にとなえる和歌四首のこと。本全集第十四巻「観行篇　神想観実修本義」上巻参照

わななく　ふるえる

宏大無辺　限りなく広々として果てしないこと

段々　その次第

審さに　ことごとく

我慾　自分のためだけを考える欲望。我利

独善　『孟子』「尽心上」にある言葉。自分の身だけを正しく修めること。自分だけが正しいと考えること

天賦　天から授けられること。生まれつき

格が暗がりばかりを見るように出来ている故でもありますが、又一方、軍隊で人々の長をしている私の身分としては、家庭に於て生易しい事をやっていてはいけない、ウンと厳格に、軍隊以上の厳格さでやらねばいかぬと考えていた上、乃木さん父子の人格でもない者が乃木式を丸呑みにして、スパルタ教育を以て愛児教育の規範のように考えた事柄などが暗い性格に辵を掛けてしまったのです。

そんな調子で、罪のない妻や子供達があたかも割木で叩かれるような思いで毎日毎日を送っていたと思うのであります。ですから本当に神の心に触れて反省した時、涙の湧き出るのも当然なのでありましょう。翌朝になってから、私はもう一度床の中で反省を繰り返しました。涙はやはり溢るるように出て私を妻子への謝罪、妻子への感謝に導いてくれました。「妻よ子よ許せ、長い間御苦労掛けて済まなかった。僕が頑なであるばかりにお前達はどんなに難儀をし、どんなに悲しい思いを続けて来た事だろうなア。それ

乃木さん　乃木希典。嘉永二～大正元年。陸軍軍人。戊辰戦争、西南の役に従軍。日露戦争では第三軍司令官として旅順戦を指揮した。陸軍大将従二位。勲一等、功一級、伯爵。学習院院長に任ぜられ裕仁親王（昭和天皇）の教育に従事した。明治天皇の大喪の日に夫人と共に殉死した

スパルタ教育　古代ギリシアのスパルタで兵士養成のために幼時から施した厳しい軍事訓練や教育のように厳格な教育法

辵を掛ける　一層はなはだしくする。輪をかける

規範　行動や判断の基準

あたかも　まるで

割木　細く縦方向に割った薪

頑な　頑固で、自分の考えや態度を変えようとしないさま

難儀　苦しみ悩むこと

でもよくも我慢して仕えて来てくれた。アア有難い有難い、赦してくれ、赦してくれ」こう念じつつ夜具を頭から被って泣いていると、仏壇の前にいた妻が出し抜けに泣き伏す声がするのです。朝の六時頃なのです。

あまりの不思議さにそれとなく涙を拭いて座敷に行ってみると、妻はたちまち私の方へ振り向いて「どうぞ赦して下さい。長い間御苦労かけて済みませんでした。私が悪いばっかりに……どうぞ赦して下さい」というのです。私は不思議な事があるものだ、今私が考えていた事と同じような事をいうなと思いつつも「いや、わしが悪かったのだ、赦してくれ」と初めて言葉に現して謝ったのであります。私はここに大いに考えさせられたのであります。吾と妻とは、肉体的には別個の存在であっても、心は互に相通じているのだ、いや心は一つなのだ、と気附かせられ、それから段々と自他一体、宇宙と我との一体、神と我との一体感をはっきり把握せしめられたような気がしたのであります。「『七つの燈台の点燈者』の神示」の中に、感謝

出し抜けに　突然。不意に

の念の中に神様が在ますように申してありますが、本当に感謝の念そのものが既に神であり仏であり、愛であり光であり、力であり智慧であり、創造であり、この感謝の念の所有者が自在無礙の極楽浄土に安住し得る神の子だと知らして戴いたのであります。この心持にならせて戴いた時の嬉しい事、手の舞い足の踏む所を知らずという形容詞はここから出たのだとさえ感ぜられたのであります。

気がついてみると、昨日まで覚えた七、八年来の胸膜炎の圧迫感は、どこへ消え失せたか無くなってしまって、在るものは唯気分の朗かさばかりなのです。有難い神様のお救いです。私は思わず合掌しました。人を踏み倒して威張っていたような鬼の子が、一夜の中にこんなに迄変った神の子にならせてもらったのであります。それから次の間に行ってみると、いつも朝寝坊の子供が蒲団を撥ね飛ばして起きて何かしております。何気なく敷蒲団を見ますと、今日に限って濡れた痕が見えません。珍らしい事があるものだと

在ます　いらっしゃる

自在無礙　自由自在で心に妨げがなく、とらわれがないさま

手の舞い足の踏む所を知らず　儒教の五経のうちの『礼記』「楽記」及び『詩経』「周南・関雎序」にある言葉。非常に喜んで歌うだけでは足りずに思わず小躍りするさま

形容詞　状態や性質などを言い表わす言葉。形容辞

次の間　隣の部屋

妻と顔見合せて語った事でした。十三年来毎日毎日汚い敷蒲団を縁側に出して乾かしてあるのを見ると、腹が立って腹が立ってムシャクシャして堪らず、「悪戯ばかりしていう事も肯かず、勉強もせず、食物は選り好みはする。おまけに寝小便迄して一体お前はどこに取柄があるのか、一層の事どこかへ行ってしまえ！」と叱り飛ばし殴り飛ばしていたのですから、不思議とせざるを得ないのです。始めは僥倖位にしか思っていませんでしたが十日経ち一月経ちして見ますと、全然寝小便が止まってしまっているのです。私はそこで初めて神様のお蔭であった事を知り、子供の寝小便は子供がするに非ず、親が垂れさせるのである、親に叱られた悲しみの涙が小便となって出るのである、という事をはっきり悟らして戴き、感慨無量の感に打たれたのであります。

　話が大へん長くなりますから略しますが、あの夜一晩の反省が大きな反響を齎し、その他に私の十数年来の内痔核も治り、子供の遺伝的な外痔核も

選り好み　好きなものばかりを選びとること

取柄　とりたてですぐれた点。長所

一層の事　投げやりな気持ちを表す。思い切って。むしろ。思いっその事

僥倖　思いがけない幸運

感慨無量　何とも言い表せないほど身にしみて深く感じ入るさま

内痔核　「痔核」は肛門部や直腸下部にできる静脈瘤。「いぼ痔」とも言う。「内痔核」は直腸と肛門皮膚の境界線より上方にできる痔核

外痔核　直腸と肛門皮膚の境界線より下方にできる痔核

治り、又食物の選り好みもなくなってよく勉強するようになり、家庭の手伝もよくするという調子であり、かつて数年間脊椎カリエスを患った妻も、大へん身体が丈夫になって疲労も感ぜぬようになるという事になって、昨日の暗黒世界が一躍光明楽土と化し、過去のゴツゴツした迷妄の世界が、大調和の天国に一転して、私の家庭は本当に明るい、本当に愉快な、本当に感謝そのもののパラダイスとなってしまったのであります。

これというのも、皆谷口先生の聖く高き宏大無辺な御人格の現れとして生じた生長の家のみ教えの導きに依るものでありまして、本当に有難く毎日感謝行をさして戴いている次第であります。その後の私は、それこそ暴風に捲き上げられて行くような勢いで、たくさんなお蔭を蒙り、感謝より他に何ものもない日々の暮しを営ましめられている次第であります。

（呉市下山手町九七ノ一）

脊椎カリエス 脊椎の結核で、結核性脊椎炎とも呼ばれる

一躍 普通の順序を踏まずに一足とびに

光明楽土 安楽な地。楽園

迷妄 道理がわからず、迷いを真実と思い込むさま

パラダイス paradise 天国。楽園

言葉の力

辻クマ子

私は『生長の家』の誌友になりまして、『生命の實相』を通しまして、谷口先生から言葉の力の偉大なる事をお教え戴きました。それにもかかわらず、私が不用意な言葉を出した為に娘が聾になりました事を話さして戴きまして御参考に供したいと存じます。

今年の五月に、まだ丈夫でございました娘が、大阪にいるのでございますが、名前は静代と申します。その婿から突然、「静代が病重いから直ぐ来てくれ」という電報が参りました。主人は魂消まして、「日頃丈夫な娘がこんなに私達が何の様子も知らんのに病が重いとは、どうしたことだろう」と大変心配されました。娘は元から温和しい娘でありまして、結婚後十数年にもなりますが、まだ一度も夫に口答えしたことがないという娘でございま

頭注版㉟一六八頁

聾 耳が聞こえないこと。聾唖者

魂消る びっくりする

す。私は生長の家に入らして戴きまして、念の具象化ということを知るようになりましたから、「これは何か、心に溜っていたものが形に現れたのだろう」と思いまして、あまり心配も致さなかったのでございます。そうして主人に「まあ私が行ったら様子が判りますから、それ迄心配せぬようにして下さい。あなたが心配なさると、きっと娘は病が重くなるのですから。私が参りましたら直と必ず精しい様子を知らせます」と申しまして、十一時十二分の汽車に乗って参りました。その途中で『甘露の法雨』を車中で誦しまして、それから後に娘の健康な姿を心に描きまして神想観を致しました。そして「私が参ります迄には、必ずこの病気が軽くなっておりますように」といって念じておりましたのであります。四時頃に大阪へ着きまして参りましたら何でございますか私が参りますと、嬉しかったのでしょう、娘は涙を零しました。ところが電報で「病重し」といったような様子は一向に見えないのであります。すると娘の婿が「こんなに早く病気が快くなるのなら、

具象化　形になってあらわれること

あんな電報打って、あなたに御心配かけるんじゃなかった」と詫びるのであります。けれども私は、ただ治したいと只管念じたあの思念がとても通じたのであろうと思いましたのであります。

でも、その時分は何も申しませんでした。「まア、結構じゃ。病気が治ったら、それで好い。生長の家では、『病気は無い』といわれますが、ほんとに無いのだから、消えて行く他はないのです。そんな心配はせんようにしないと折角快くなりかけても、又戻るからねえ」と申しました。その日はそれで済みまして、晩は初め少々咳いておりましたが、それが段々甚くなって来ました。それと同時に、耳が痛くなりまして、ちょうど、三日三晩というもの、咳き通しまして、耳から汁みたいなものが出始めました。お医者さんに診せますと「今は治療出来ないから、少し快くなったら、私の所へおいでなさい」といわれました。

取あえず、さし薬をくれました。それから咳の方も少しは止みましたが、

咳く　せきが出る

そのお医者さんはちょっと変ったお医者さんでありまして、病気は肺炎という名前をつけられましたが、今迄肺炎の患者を見ますと、大抵の方は湿布するとか、室内に湯気を立てるとかのようでありますが、一向そういうことはなさいませんのであります。そして、熱は四十度以上だと被仰いますのに、体温器は一度も使いません。私はその時分、「おそらくこれは生長の家の誌友の方じゃないか知らん」と思いましたのですが、別にお訊ねは致しませんでした。そういう具合で咳がたくさん出ておりましたけれども、三日三晩で咳も止まりますし、その時、苦しんでおります娘に向って、生長の家の真理、「肉体本来ない、病本来ない、環境も肉体も病気も皆な自分の心の影だ」ということを説いて聞かせました。すると、素直な娘でございますから、直ぐにそれを受容れてくれまして、ちょうど三日目に咳がすっかり止まってしまいまして、大変楽になりました。お医者さんは咳が止まった事、熱が下った事を大変不思議がりまして、「今迄たくさんの患者を扱ったが、こ

体温器　体温計

んなに早く、急性肺炎が治ったのは初めてだ」といわれました。

それから私の宅でも主人と私と二人で、無人なところをやって来ましたので、それに少々雛を育てていますので、主人にのみ委せてもおけませんので、娘の経過もよろしいので早く帰らなければならないと思っておりました。そうして、快くなった様子を郷里の方に申し送りましたら「そんなに快くなったのなら、家でも手不足で困っているから、帰ってくれんか」といって来ましたので、その由を娘の婿に話したのであります。「それじゃ、お父さんもお困りじゃろうから、どうぞ帰って下さい。平常使っている婆さんが快くなる迄看てくれますから。あれ位になったらもう一人で御飯も食べられるでしょうから」と申しました。娘にもその由を話しました。すると、娘が「夫はあんなに申しておっても、よく御飯時などは、自分が世話しなければならないので直ぐプリプリして怒る」というのであります。「それは尤もじゃ。男の方がそういうのも尤もじゃ。まア、そんな時は、あんた、耳に蓋

無人　人手の足りないこと。むにん

をして聴かんようにしていなさい」と申しました。ついそれが私の口から飛び出したのでございます。それからその翌日、私帰ろうとしましたが、その夜が明けまして、娘にものをいいましても、どうしたことか返事を致しませんのです。「どうしたのかなア？　何か私が帰るのが気に入らんのかなア」と思いまして、もう一度呼んでみましたが、返事を致しません。「妙なことじゃなア、こんなことはないはずじゃがなア」と思いまして、今度は大きな声でいいましたら「はアイ」といって顔を向けました。「これは耳が遠くなったんだわいなア。しもうたなア」と思いまして、私が不用意な事をいうたものだから、こんな事になったと悔みましたけれども、今更どうにも仕様がありません。

翌日帰り支度をしまして、「気に掛けないように『生命の實相』をよく読みなさいよ」と申しまして、私はそのまま帰りました。二、三日して娘から手紙が来まして、「お蔭様で病気も治りました。そしてお医者さんの所に耳の治療に参りましたところが、耳にはちょっとも故障がないと申されまして、ほんとうに有難うございます。どうぞ御安心下さい」という手紙でありました。耳が聞えるようになったとは申して来ませんので、それが一つ私の気にかかっておりました。私は又直ぐと「その耳が聞えたか、聞えないか」と訊ねてやりましたら、折り返し返事が参りまして「お蔭さまでお医者さんに耳に故障がないといわれまして、よく聞えるようになりました」とありました。それから段々丈夫になりまして、耳もよく聞えるようになったというのでございます。

そこで、この病気も、聾も、言葉によって聾になり、又お医者さんの言葉によって、よく聞えるようになったということが動機になりまして、神縁を結ばれまして、この頃は娘も信仰生活に入り、家庭も大変光明化され、誠に私、有難いと存じているのでございます。（福山市手城町）

折り返し　手紙などにすぐに返事をするさま

有難い心

大塩秀雄

私は昭和九年初めて谷口先生が住吉から東京へお移りになりました時入信させて戴いた者でございます。誌友として随分古いのでございますが、お恥かしいことに、なお未熟にて谷口先生にお詫びするより他ありません。そういう私でございますから、体験と申しましても、極く平凡な体験しか持合せがないのでございます。

昨日も「有難い」と思いまして、あれから姫路まで帰る間、下関行の汽車は一杯すし詰で、手も足も伸ばせないでおりましたが、「有難い」と思うと、どんなに混み合っていましても「済みません、ありがとう」という心で、どの方のお顔を見ましても、皆様大変有難いお顔をしておられまして、一層有難い思いで帰りましたら、年寄がまた非常に晴やかな顔で色々私を

頭注版㉟一七三頁

住吉　現在の神戸市東灘区にあった旧住吉村。「生長の家」草創期は著者の自宅が本部を兼ね、また来訪者のための真理研鑽の場としての道場ともなっていた

すし詰　すしを詰めた折箱のように多くの人がすきまなく入ったさま

喜ばしてくれるのでありました。今日はまた勤務先の岡山県に近い所で、汽車の窓から眺めますと、海の色、山の色、皆とても美しく見える。それからまた有難い現象がありました。田舎ですから、好い貸出先がないのですが、「国債の好い担保をもって、二万円程お前から借りよう」という大変いい御註文を受けまして、更にまた有難くなりまして、喜んでそちらへ伺った次第であります。本当に有難いと思ってお辞儀していますと、やっぱり何も彼も有難くなって、私仕方がないのであります。

　私の体験の中で極めて楽しい一日を過させて戴きました事がございます。或る時但馬の豊岡へお話に寄せて戴きましたが、帰途に和田山という所で汽車の乗換で、四十五、六分待合せの時間がありました。そしてその四十五、六分、読書の時間が与えられ、『生命の實相』を披いて読んでおりますと、車掌さんが「きょうは城崎、橋立廻遊の特別列車が、天候のために、大変乗客が少いから、どうぞ乗って下さい」といわれるので、有難い

国債　国家が歳入の不足を補うことなどのために発行する債券

担保　権利や財産を借金などの保証にあてること。抵当

二万円　現在の約四千万～六千万円に相当する

但馬　兵庫県北部の旧国名。山陰道八か国の一つ

城崎　兵庫県北部の城崎郡にあった旧町名。温泉町として発展した。平成十七年に豊岡市に合併した

橋立　天橋立。京都府宮津市の宮津湾と内海の阿蘇海とを隔てる長さ約三・三キロメートルの砂州(さす)。日本三景の一つ

廻遊　遊覧してまわること

と思って乗りましたら、ほとんどノン・ストップで、姫路へ四、五十分早く着きました。後日、二十二、三歳のお嬢さんからお手紙を戴き、「弟としょっちゅう喧嘩しておりましたのが、あの日にお話を聴いてから、大変仲よくなりました」とあり、自分の内にも今迄知らなかった素直な心を見出して大変嬉しいという意味の歌さえ添えてありまして、私非常に喜ばして戴いたのであります。

それから又少し日を経て、鎌倉の私の弟の宅におります八十に近いお婆さんが、赤痢になりまして、私の行くのを大変待っているので、飛んで参りました。特急「つばめ」は大船で停りませんから横浜より逆戻りして横須賀行に乗ろうと、車掌さんに話して料金を出そうとしましたら、横浜から鎌倉まで三十六銭とかいうけれども、「お気の毒ですから、大船からとして八銭戴こう、それでよろしい」と被仰ったのです。これも有難いと思いました。そして数日の間に年寄の赤痢も治ってしまい、本当に喜んだ次第であ

歌　ここでは五七五七七の短歌を指すと思われる

赤痢　赤痢菌によって起こる急性消化器系伝染病

三十六銭　現在の約七百二十～千八十円に相当する

八銭　現在の約百六十～二百四十円に相当する

ります。

それから間もなく飾磨という所から、皆さん御承知かも知れませんが、馬杉の奥様の、お里のお母さんが見えました。まだ事変の始まらない先であります。「飾磨にいる孫が盲腸炎で、あす入院して手術をせんならん、こう医者がいうので大変困っているので、どうぞ一つ御足労願います」という話であります。直ぐにそのお年寄にお伴して、姫路から飾磨線に乗ろうとして階段を降りかけますと、ピリピリッと汽車が出かけ出しました。汽車が出かけたと思って、笑いながらお婆さんと歩いておりますと、助役さんが汽車を停めてくれまして、「どうぞ乗って下さい」「有難い」とこれに乗せて頂きまして、向うに着いて事情を承っておりますと、実は、子供に喧しく勉強を強いておった。少し出来が悪いかも知れんと、一週間程喧しくお父様が教え込んでおったら、病気になったということが判った。それから、子供さんを喜ばすことにしたら、病気なんか無いのですよということを私が申上

飾磨　兵庫県姫路市南部の地名

事変　昭和十二年七月七日の蘆溝橋事件をきっかけとして日本と中華民国との間に起こった支那事変を指すと思われる

盲腸炎　虫垂炎に付随して起こる盲腸の炎症

御足労　その人にわざわざ来てもらうことに対する敬語

助役　鉄道の職制で駅長などを補助する人

承る　お聞きする

げたら、素直にお聴き下さいまして、三日氷で冷して、入院もせずに治ってしまった。あとでお父様と坊ちゃんと二人、自転車に乗って御礼に見えられました。

こういうふうに四十数分汽車を待たずに乗せて戴いた、これも有難い。また三十六銭お払いするところを八銭で済ましてもらった、これも有難い。また一旦汽車が出てしまったのを、また停めて下さった、これも有難い。それが逆になっておっても、その暇に、喜んで『生命の實相』を読ませてもらいます、また喜んで料金を払わしてもらいます。また汽車が出ても、次まで待ちましょう、こういう気持も有難い。こう思いますと、皆有難くなりまして、大変有難いばかりであったということを知らせて戴きました。

それから先般岡山県の片上という所から、二十八の婦人が肺病で休んでおって、その叔父にあたる方が話してくれというて見えましたので、「それでは」と参りまして、色々お宅の事情など承りました。私は話が下手で

肺病 肺の病気。特に本書執筆当時には不治の病とされていた肺結核を指す

すから、ちょうど枕頭にありました水飲み(ガラスの器です)それで含嗽をしたり水を飲んでおられますので、「私もお茶の代りに頂戴します」といって、その長い管から水をおよばれしましたら、叔父さんが啜り泣きしまして、御本人も亦涙で、病気を忘れたかのように、大変喜んで下さいまして、ずっと寝たままの人が、一緒に起きて御飯を喰べられそのままグングン快くなられました。私は何にも、よう話しませんから、自分だけで「こうだ」と思っておりますと、ちょうどそこに自他一体ということが現れ、まことに愛は癒やすの真理の実証を戴きまして、大変有難いことでございました。(姫路市下手野)

啜り泣き 垂れた鼻汁を吸い込みながら小刻みにふるえて泣くこと

よう 下に打消の語を伴って、とても…できない

わが光明信条

藤森郡一郎

頭注版㉟一七七頁

私は昭和十一年の九月に肺尖カタルを病みまして、直ちに入院しまし

肺尖カタル 肺尖部に生ずる結核性の病変。肺尖は、肺の上部のとがったところ

て、二ヵ月に亙り色々医薬の治療をうけたのであります。その結果大分快くなったのでありますが、しばらくするとまた元にぶり返しまして、その後色々漢方や民間療法をやってみたのでありますが、ますます悪くなるばかりで、いっこう快くならないのであります。で、また元の医薬に頼るべく岡山県の田舎では仕様がありませんので、京都の親戚を頼って、十二年十二月三日、憂鬱と不安に満されて、京都に参ったのであります。そして京都の大学の先生に診てもらいまして、色々治療をうけておりますと、また大分経過が悪くなったのでありますが、文字通り一難去って又一難で、今度は中途にして、胃腸を害しまして、また、不安と憂鬱に襲われてきたのであります。

そうした折から、京都で「生長の家」のあることを知らして戴き、十三年の二月から、はじめて「生長の家」の真理にふれさしていただき京都の諸先生の御指導を得たのであります。ところが本を読み、話を聴いている時は、なるほどと、ひしひし心にこたえて来るのでありますが、本を読むのを

漢方　西洋医学に対して、中国から伝わって日本で独自の発展をとげた医術。漢方医学

民間療法　古くから民間に伝承されてきた療法

折から　ちょうどその時。折しも

止め、話を聴くのを止めて、実生活にそれを応用せんとすれば、全く空になってしまいまして、また心に不平も起れば、腹も立ちたくなるのであります。これでは本当の真理は覚れないと私は考えまして、読みましたり聴きましたりしたうちから、私に最も重要なる項目を五つ選んで、その通りを努めて実行して来たのであります。その第一は「ねばならぬ」をとらなければいかぬということが、『生命の實相』に書いてあります。また私位「ねばならぬ」の多かったものはないと思う。糞まじめな人間に限って「ねばならぬ」が多くて、それに引っかかって、色々な悩み、病気を作るのであります。殊に胸の病は一層「ねばならぬ」が主であります。規則正しい生活、そういうものを努めて無くしまして、総てそのままでいいのであるというふうに、努めて考えますというと、誠に楽な気持になれたのであります。その次は「有言実行」、私はこれまでは不言実行が人間の美徳であるというので、如何なる善いことでもただ黙々とやるのがいいのだと考えておったので

不言実行　黙って実行すること

あります。しかし『生命の實相』では「有言実行」、どしどし善いことは発表してやるのがいいのであるというふうに書いてありましたので、私自身としては、少々まだ覚れておらないような所がありましても、さも覚ったかの如く、人にもどんどんお話いたします。その結果、自然的にその域まで進んで行ったのであります。その頃は、自分の現在こうして生きておる、あるいは色々なことをしておるということは、すべて人間の力、人間の小知、小細工ではないのだ、これ皆大生命の生かすところである、ということが考えられますというと、殊に大安心、大船に乗ったような気持で、日々の生活が送られるのであります。その次はよい念波を感受することに努める。私はその「ねばならぬ」のために、自分の思うようにならぬという、不平不満の日を送っていたのであります。こうしておりますと、宇宙の悪念波がどしどし私のラジオのセットに這入って来る。これでは堪らんと考えまして、無理にでも、善い念波のキャッチに努めたのであります。それを何日間も続け

域　一定の段階。境地

小知　少しばかりのあさはかな才知

大船に乗ったような気持　頼りになるものを見つけて安心しきった気持ち

念波　人が放つ思いや感情が起こす波動

感受　印象などを心に受けとめること

ていると、自然的にその気持になったのであります。その次は一路邁進深く深く行こうということになったのであります。これまで私は色々健康法としまして、岡田式静坐、西式強健法などやったのですが、少しも効果がない。ところがあの『生命の實相』の真理を知ることによって、宝の庫へ這入るとき、鍵は既に与えられているのであります。その鍵をもって、深く宝をつかんで行きたいと考えるのである。これが私の最も大事な点でありまして、その鍵をもちまして、深く深く這入ろうと考えるのであります。私は結果の善い悪いにかかわらず、この鍵をもって、どんどん深くへ行ってみたのであります。そうしますと、自然に病気が快くなって来たのであります。で、最初は病気を治さんがために、そのつもりで行ったのでありますけれども、治ってみますと、この「病気が治る」ということは小さな枝葉末節のお蔭でありまして、私の行く所、聞くもの、見るもの、総ては光明に輝く生活であり、今後私の生活は永遠に、そして周囲の生活も皆明るくなるとい

一路邁進　目標に向かって一つの道をひたすら進むこと

岡田式静坐　岡田虎二郎が創始した静坐法。落ち着いて呼吸を整えて静かにすわる修養法

西式強健法　昭和二年に西勝造によって提唱された健康法。運動療法、食事療法、物理療法などを組み合わせている

枝葉末節　重要な焦点から外れた取るに足りない事柄

うことは、誠に有難いお蔭であるということを痛感いたしているのであります。（岡山県阿哲郡熊谷村）

感謝は癒やす

平岡タネ

私は生長の家によって大変有難いお蔭を受けました者でございます。

私は十六、七年以前から子宮病を患っておりました。それに胃下垂という病気を持っているのであります。別段、胃の方はひどく痛むということもないのでしたが、胃下垂だと医師から宣告されてから痛いナと気附き始めました。しかし二ヵ月位すれば治るじゃろうと思いまして、放っておきました。

それから或る日、生長の家誌友の方から月刊『生長の家』誌を戴きまして、「この御本を読んだら胃下垂位直に治りますよ」といわれまして、それ

頭注版㉟一八〇頁

胃下垂　胃の位置が異常に下がる疾患

を読んでみますと、大変有難い事が書いてありまして、尾道の前原さんという誌友相愛会のお家に、生長の家の御本があるという事を聞きまして、お医者さんの帰りに、前原さんのお宅に参りまして、「あなたのところにこういう御本があるそうですが、何かお話を聴かして下さい」といいますと「よくいらっしゃいました」と大変御深切に被仰って戴きまして、「あなたは感謝の心が足りないのですよ。子宮病というのは、あなたが御家庭に不満があるのでしょう。御主人に感謝が足らんから子宮病が出来るのです。感謝行を実行して『甘露の法雨』を誦み、神想観をしなさい。必ず快くなります」と被仰って下さいました。それから厚くお礼を申上げて帰って来まして、ちょうど三日目で薬がなくなりましたけれども、病院に行かずに、神様がきっと救って下さるんだ、という気分になりまして、薬も欲しいと思わず、総てに感謝して、そうして一週間ぐらい経ちましたら、いつの間にかお腹の具合がすっかり快くなって、胃が悪かったということも忘れてしまい

誌友相愛会　各地で誌友（月刊誌の定期購読者や広くは生長の家の信徒）が集まって研鑽する会

まして、誠に有難いと思いました。

十日程すると前原さんが御深切にもお訪ね下さいまして「その後どうですか?」「胃腸病はすっかり治りましたけれども、子宮病はまだ治りません。家の主人には感謝が出来ません。だって感謝のしどころがありませんもの」「そうですか、まアほんとに気の毒なことです。とにかく感謝の出来る事柄は一つ位はありましょうが——」といってお話し下さいましたが——或る御婦人がこれも子宮癌で、永い間苦しまれたのが、その方が御主人に感謝が出来た時に、その子宮癌の悩みもいつしか忘れてしまったという事でありましたが、私の主人も私に「私はお前の為に二十年の間泣いて来た」といわれました。私も私で「私はあなたの為に二十年の間泣いて来たがそれで五分五分です」と冗談にいった位でありましたが、この時「本当に自分が悪かった」と気がつきまして「このような女子をよくも今日まで養って下さった。ああお父さん済みません、済みません。堪えて下さい」と主人

堪える　怒りを抑えて許す

はおりませんでしたが、心から潸々と泣いて詫びたのであります。そこに主人がおれば、即座に手をついて謝るのでありましたけれども……やがて主人が帰って来ました。直ぐに謝ろうと思いましたら、まだどうも強情な心がありまして、ちょっと謝り難いのです。それから三日目に本当に主人の前に手をつきまして「あなたが二十年の間泣いたと被仰いましたが、ほんとうに私は悪い女でございました。怺えて下さい。本当に私が悪いと気づきましたから、どうぞ怺えて下さい」と申しました。「いや、それを聴いたら、怺えるも怺えないもない。私は有難いよ」「有難うございます」――それからこの子宮病と、十年間、左の脳が痺れていた難治の病も、いつの間にか忘れてしまったのであります。

それから主人がもう大変に有難くなりまして、この人がおってくれたからこそ、今日まで安穏に生活さして戴いて来た、この子供を教育させて戴く事が出来た、誠に有難い主人だ、天下にこれほど有難い主人はないと心から

潸々　はらはらと涙を流すさま。「さんさん」とも読む

安穏　無事安泰で穏やかなさま

思うようになりました。爾来家中は光明に包まれて、誠に有難い日々を送らせて戴いております。(尾道市久保町北新町甲二八九)

歓びの日々

加藤舜太郎

私はそれは数え切れない程、たくさんのお蔭を戴いておる者でございますが、先ず病気の癒やされた体験と致しましては、子供の肋膜と肺炎が癒やされた例が『生命の實相』中に精しく御紹介戴いてありますし、又家内のバセドー氏病やら腎臓病やらの痼疾が『無限生命の泉』というパンフレットを拝読致しました時、心から肉体無、病悩無の真理を悟って快癒した例が、「精神分析篇」中に編まれておりまして『幸福を摑んだ話』の中に先生が発表して下さっているのであります。私自身は生長の家に触れてからは、それ迄悩んでいた痼疾の悉くが、拭ったようにすっかり跡方もなく去ってて

爾来 それ以来

頭注版㉟一八三頁

肋膜 胸の外部を覆う胸膜に炎症が起こる疾患。胸膜炎。上記の話者の子供の体験談は本全集第三十六巻「経典篇」下巻八七頁

バセドー氏病 甲状腺の機能が異常に活発になる病気

『無限生命の泉』 昭和七年刊。『生長の家叢書』全十一冊のうちの一冊

痼疾 長引いてなかなか治らない病気

病悩 病気にかかって苦しむこと

「精神分析篇」 本全集では第十一巻

『幸福を摑んだ話』 昭和十一年に東京パンフレット社より発行された小冊子。前半には著者の文章が、後半には比叡山講習会受講者の体験記録が収録されている

しまって、健康の上からは体験として発表するようなものもないのでありますが、今日自分の心の喜びをお伝えさせて戴きたいと思うのであります。

私は数年前の夏に、先生のお宅にお伺いした時に、一月も御厄介になっておりながら、お礼も何も申さずに黙って帰るというような、そんなぶっきら棒な人間でありますが、その時に一番深く私の胸に残ったのは、先生が「この教えは、苦しんで努めて弘めなければならないというような、そんな教えではない。春が来て花が咲くように、自然に弘まるべき教えである」と被仰って下さったことであります。それを聴いた時、私は何ともいえない大らかな悠久なものを授けられたような気持になって、そうして心が喜びに躍ったのであります。そして、花開く春にあった喜びを、

花開く春にあいたる喜びを共に歌わんいとし同胞

と自分の心を、生長の家の同志に訴えるような気持で詠ったのであります。これが非常に自分の気に入ったのであります。その時は、修養団の宿泊

悠久　果てしなく長く続くこと。また、そのさま
いとしはらから　慕わしい仲間よ
詠う　詩歌を作ること。和歌を詠むこと
修養団　明治三十九年、東京府師範学校(現在の東京学芸大学)の蓮沼門三を中心とする学生達によって創立された社会教育団体。平成二十三年に公益財団法人となる

部から毎日お山へ通っていたのでありますが、或る晩、お山まで歩きながらその歌を口誦んでおりますと、何ともいえない大きな喜びが、有難さが胸に込み上げて来まして、自然に涙が湧き出て来たのであります。そうして、それはやがて嗚咽になったのであります。おそらく、東京の街を泣いて歩いたのは、僕位ではないかと思うのであります。それから帰って来まして一所懸命になって諸所方々で生長の家のお話をしておりますと「あなたはそんなに気狂いみたいに『生長の家、生長の家』と飛び歩いているともう学校止めさせられるぞ」とこういうふうにいう人があります。そういう言葉を聞いても私の心は、実に実に喜びに躍っていたのであります。これが、「花ひらく春にあいたる喜びを共に歌わんいとし同胞」その心が私の心に充ち満ちていたからであります。

それから去年の夏、私の父が病気になりまして国に帰っていたのでありますが、二時間で東京へ行けますから、是非とも先生にお逢いしたいと始

お山　著者の東京移転後の自宅の愛称。ここで誌友会が開催された

嗚咽　息を詰まらせながら泣くこと。むせび泣くこと

諸所方々　あちらこちら

学校　本全集「経典篇」「女性教育篇」等に話者の勤務先は広島県内の中学校(旧制)であったことが記されている

終思っておりましたけれども、それが叶わなかったのであります。そうして、とうとう九月の十五日に、父は亡くなったのでありますが、私の父はどの方面から見ても、優れたいい父だったと思うのであります。そうして六十年間ひとりキリスト教の信仰を続けられたのでありますが、未だ生長の家からみると「人間神の子」の真理がはっきりと把められておらなかったものですから、色々と心に悩みがあらわれたようであります。ところが死ぬ三日前に、成る程人間は神の子だ、罪はなかったのである、恨むことも憎むこともなかったという心持になられまして、極楽往生致しました。そして万事順調に行きまして、そうして思う通りのお葬式が出来たのであります。そしてそのお葬式の時に私は、最後に牧師さんが、あのお別れの聖歌を上げた時に、私の本当に去って行くところの父の肉体を送り無限生き通しの生命があるということをつくづくと感じさせられまして、そうして永遠に父と共にいるんだという喜びを強く強く味ったのであります。私は

極楽往生　浄土教で、肉体死後に極楽に生まれ変わること

牧師　プロテスタントのキリスト教で信者の指導や教会等の管理をする人。カトリックでは神父という

聖歌　ここではキリスト教の宗教歌曲。賛美歌。生長の家では著者の詩などに作曲した歌を指す

潸々として流れ落つる涙を止める事が出来なかったのであります。けれども、誰も私がそんなに喜んで泣いているなどと思ってはいないのです。家内もあの時は随分泣いたくせに、人の死んだ後にはあまり平気でいると怒った程でありますが、この喜びを先生に幸い聴いて戴きたいと思って、暇がないのでありますが、五分でも十分でもお目にかかればいいと思いまして、お山へお訪ねしたのであります。そうすると女中さんが出て来まして「先生は個人面会は一切致しませんから、本部へ行って下さい」といわれたのであります。それで「それは充分知っているのでありますが、その暇がないのです。先生は私を御存知でございますから、どうかこういう者が来たからとお取次ぎ下さい。先生のお言葉のままに致しますから……」とこういうふうにいって、女中さんに名刺を持って行って戴いたのであります。すると先生は「今日はお会い出来ません」というお答えであったのであります。その時、私の心は実に喜んだのであります。私は、実に素直にお山から出るこ

潸々　本書四九頁の「潸々（さめざめ）」に同じ

女中さん　お手伝いさんの旧称

とが出来たのであります。その朝私は『光の泉』に書いてあったところの「巌の構え」というのを読んだのであります。実に柔順に中心に帰一するところの尊い教えがそこに書かれてあったのであります。私は「巌の構え」に成功したと思ったのであります。どんなことでも自分の魂の養いになると思って、非常に嬉しかったのであります。

もう一つ泣いた話があるのであります。それは私は、学校の往復にちょうど四十分ほどかかります。始めは『甘露の法雨』を手にしながら歩いて行くと、ちょうど家から学校まで行く内に一巻位暗誦が出来るのであります。段々慣れて来ますと、『甘露の法雨』及び『天使の言葉』がずっと学校への途上で暗誦が出来るようになったのであります。何がなしにこうやって歩くと愉しいのであります。「和解の神示」を口誦みながら歩いたり「実相を観ずる歌」を口誦んだりしながら歩いたりするのであります。或る日私は「招神歌」を称えながら歩いたのであります。「生きとし生けるものを

柔順 素直で逆らわないこと

暗誦 文章などをそらで覚えて口でとなえること

「和解の神示」 昭和六年九月二十七日に著者に天降って後に「大調和の神示」と命名された神示

「実相を観ずる歌」 本全集第十四巻「観行篇」上巻の巻頭等にも収録。江藤輝によって作曲され、楽譜は『生長の家』誌昭和十一年九月号に発表。生長の家の聖歌となった

生かし給える御祖神——」それをずっと称えながら歩いておりますと、非常な喜びが湧いて来たのであります。そうして朝、多勢の人が通るにもかかわらず、私は涙がはらはらと出て来たのであります。それはこういう訳であります。その時に思い出したのは、その前の晩の出来事であります。私は兄妹の二人の子供があるのであります。いつも妹の方は兄さんのお古ばかりを貰っているのです。三年頃に買ったところのランドセルが小さくなって、もう本が入らんからもっと大きなランドセルを買ってくれと兄の方がいって来たので、前の晩にランドセルを買いに行ったのであります。そうして兄の古いランドセルを妹に譲ったのであります。その時、妹は何ともいえない喜びの相を現したのであります。本当に莞爾として手を拍って喜んで「有難い有難い」というておったのであります。普通ならばお古などを貰ったら「兄さんばかり新しいので、私は古いものだ」といって不平をいうのが当り前ですが、この妹はそのお古を貰って「私も立派なランドセルを貰った」といって喜んでくれたのであります。古いランドセルを貰ってあんなに顔の相好崩して喜んでいるものを、それに比べてこの自分などこの円満完全な神の命を幸えられて生かされているのにもかかわらず、何という喜び方が足らんのであるか、何という感謝の心が足らんのであろうかと、つくづく胸打たれて泣かされた次第であります。

私の心は喜びに躍っているのであります。皆さんと共に喜びたいと思うのであります。（広島市段原山崎町五九八）

光を招ぶ教育　大地玉留

昨日は、私の教育体験談と致しまして、いわゆる表から見た生命の教育といったようなものを御報告致しましたが、一つの尊い真理を一面から申しますと、こういうこともあるだろうが、それは偶然であるということもある

相好　顔つき。表情

幸える　わかち与える

頭注版㉟一八八頁

生命の教育　著者が提唱した教育法。〝ほめる教育〟〝引き出す教育〟として知られる。子供に内在する〝本来善なるもの〟を引き出す教育法

と申します。しかしその事をもう一度裏から観ますと、そういうことをしなかったならば、どういう結果になっているか、こうなって、それをしなかったならばこうなるんではないか、こういうふうに表から証明し、裏から証明した時、初めてまあ私共は成程と肯けるような気持になるのであります。それで私はこの前は良い方面、つまり表から観た教育体験談を致しましたが、今日は悪い方を、即ち裏から観た体験を申上げてみたいと思います。昨日は良い話ばかりをお伝えしましたので、皆様は私の為す事総てが非常によく行っているというふうにお考えになられましょう。勿論私と致しましても、万事非常に巧く行っていると思います。しかし何といっても、まだ種は蒔かれたばかりでございます。蒔かれた種は直ぐ芽が出るものではないのです。その蒔かれた種の中に、本当に、今から伸びてゆこうとする生命が存在しているのであります。で、今日はいわゆる「心の法則」を執らなかったから、こういうような失敗を結果したということを申上げたいと存じます。

先ず私の一身上から申さして戴きたいと思います。それはちょうど六月の学期末考査が始まるという二日前から、私は妙に腹が痛み出したのであります。それは錐で揉み込むようにきりきり痛むのです。何しろいよいよ後二日で考査が始まるというので、気が気ではなかったのですが、まあ大したことはあるまいというので多寡を括って医者にもかからないで、治る治ると思っていましたが、しかしやはり痛むのです。翌日は学校を一日休みまして、その翌日は考査が始まるので、腹が痛むのですが、我慢して学校へ出てみると、私は平気でおりますのに、他の者が承知しません。非常に心配しまして、「君、えらい顔色が悪い、お医者さんに診てもらったか?」「いや何アに大した事はない」「とにかく、早速学校から帰って医者に診てもらい給え。考査の事は引き受けるから」と深切にも同僚がいって下さいますから、「それじゃ帰ろう」「どこが痛む?」「下ッ腹が錐で揉み込まれるよう

一身上　その人自身の身の上や境遇などに関すること

考査　学校の試験

多寡を括る　大したことはないだろうと予想すること。見くびること

に痛い」「そりゃ大変だぞ、盲腸かも知れない。盲腸だと危い」というので、帰りに郵便局の前の島病院へ寄りましたら「どうしました？」「腹が痛むのです」「それじゃ、盲腸です。切りましょう」「しかし私は何分学校の帰りで、何と返事していいか分らない。時期が時期だし、切っちゃ困る」といおうかと思った。けれども「よし、切りましょう。盲腸位切ってもいい。物質はないんだ。どうせあってもなくてもいいものは切ってもいいではないか」と咄嗟に思ったのであります。「直ぐやりましょう」「家に何ともいっておらん」「構わない」それから直ぐ外科手術台に上りまして切ってもらった。こういうことは初めてですから「物質はない、ないものは痛まない」こう思って手術台に上りましたら「先生、少し位痛いかも知れませんが、先生ですから、生徒さんに笑われないようにして下さいよ」と、そう看護婦からいわれたのです。「よし、覚悟した！　物質はないんだ。どうでもいいんだから断然切る」それからともかく手術してもらいました。あま

島病院　昭和八年に島薫が開業した外科病院。昭和二十年八月六日の原子爆弾の爆心地となった。はす向かいには本書第五十六巻「下化衆生篇」第三章で著者に書物を贈ったと記された清茂基の経営する清病院があった

咄嗟　わずかな時間

看護婦　女性の看護師の旧称

り痛うはございませんでした。余程痛いものかと覚悟しておりましたけれども、痛くないと思った関係からか、痛くなかったのであります。それから病室に運ばれるのですが、相憎と全部病室が使用されていて無い。それで医院の先生の御厚意で先生の十畳の部屋を特に私の為に空けてくれまして、私は母屋の方に運ばれたのであります。それから「今晩は熱が出るかも知れない」といわれたのですが「要らないものを切ったので、当然、熱は出ない」と確信しておりました。看護婦が、夜附添っておりましたけれども、朝起きて「先生、よくお寝みになりましたか?」「よう寝た」それから体温を計って「ちょっとも熱が出ませんよ」「有難い、神様のお蔭だ」それから先生がやって来まして「もう少しの間我慢して、絶対安静をしろ」とこういわれました。すると隣りの部屋には、呉の某という人の、その小さい坊ちゃんが、膿胸とかいって、胸に膿が溜る病気だそうですが、それで寝ている。それがどうも患者さんの癖に患者さんであるか判らない。というの

母屋　世帯主の住む主要な家屋

絶対安静　病気や怪我の重い人を、寝たままの姿勢で動かさず、外部からの刺激を避けて平静な状態を保たせる治療法

呉　広島県西南部に位置する市。明治三十五年に市政がしかれた

膿胸　胸膜腔に化膿性の滲出液がたまる感染症。結核菌に起因するものが多い

は、子供の機嫌をとる為に朝から晩までポータブルをかけているのです。私の係の先生が非常に心配しまして「大地に堪えやしないか」と、何とかして蓄音機を止めさせようと、看護婦に「隣りに云って何とか云え」といわれたのですが「否々、僕は何ともない、僕は愉快なんだ。他に何の楽しみもないじゃないか。僕は子供の気持になって蓄音機を聴きたい」そういって私にはそれがちょっとも邪魔にはなりませんでした。そして、先生は絶対に安静にしていてくれと被仰いましたけれども、その翌日三日目の朝には直ぐ思いのままを便箋に書き留めましたのですが、その時の私の気持がよく現れていると思いますので――

「絶対安静とは身体を動かさない事ではない。肉体はないのであるから、動も静もない。只安静になり得るものは心だけである。心を安静にする事は、何も考えずに暮らす事で、本当に全てを拝む心、万物に感謝する心のみ安静である。汝の医者に感謝せよ、汝の看護人に感謝せよ、多くの見舞人に感謝

ポータブル　ここでは持ち運びのできる蓄音機。携帯用のレコードプレーヤー

大地　上記の体験談の話者である大地玉留

蓄音機　レコードの溝に針を落として音声を再生する装置。一八七七年にエジソンが実用化させた

せよ」

これが私のその時のいわゆる絶対安静の一つの信念でありました。それで私は、蓄音機を聴きましても、熱も出ません。それから又、色んなことをしましたけれども、何ともございません。それから四日目には生徒が考査を終って、先生が寝ておるんだというので、クラスの者が、何か相談でもしましたものか、邪魔にならないように八人交代で見舞に来た。気を使っているようだが何分中学生だから元気である、うるさいのです。先生が「生徒が来ては困るがなア」僕は「生徒が来れば非常に嬉しい」七、八人がどやどやと上って来るのです。僕は教え子の気持が有難くて、思わず彼らの後姿を拝むのです。「先生、どうですか？」「有難う。よく来てくれた」次から次へとどやどや上って来るのです。そして、次から次へと花束を持って来るのです。さア、その花を活けるのに大変です。「バケツを出せ。そのバケツを寄越せ」といった具合——その八人が帰るとその次のが又、待ち構えてお

中学生　旧制の中学校の生徒。旧制中学校は旧制高等学校への進学を目指した男子中等普通教育機関で、昭和二十二年に新制の高等学校に改編された

って、又その次がどんどん上って来るのであります。それから看護婦が「先生、氷を入れましょう」「僕は氷を使わないから、皆生徒にやってくれ」「先生昨夜戴いた果物はどうしましょうか?」「ああそれも生徒にやってくれ」そういってやるのです。生徒達は非常に喜んで帰ります。そうすると、隣りの子供を伴れたお母さんが「広島一中の生徒さん達はよく出来たものですねえ。私の子供は呉の中学にやってありますが、先生のお見舞になんど行ったことはありませんよ」「そうですか、そんな事はないでしょう。とにかく生徒は皆な有難いものです。病気になったから、毎日やって来るんでしょうが――」本当に毎日毎日次々と花束を持って来て、何しろ僕の病室には一つしか花瓶がないから、心だけは受ける事にして、後は他の患者さんに差上げたのであります。それから加藤先生がお見舞にお出でになりまして、「どうしました?」「物質はないから切ってもいいと思って盲腸を捨てました」「切るのは、人を批評する心があるんですよ、切り審く心があるのです

広島一中　旧制の広島県立広島第一中学校。昭和二十年八月六日、原爆投下によって多数の教職員と生徒が犠牲となった。広島県立広島国泰寺高等学校の前身

加藤先生　本書の前項の話者である加藤舜太郎を指すと思われる

ねえ。切らなくたって、ないものは自然に消えます」そういわれた時、初めて僕は「しまった」とこう思ったのであります。そうだ、自分が発病する二日前にちゃんと、或る講義の時間に、生徒に対してこういうやり方は間違っているというような批判を加えたが、それが悪かったと気がつきました。もっと早くそれを聞かされたら、俺も何も腹切らんでもよかったんじゃないか、とこう気がついたのであります。とにかく何事によらず人を批評し切り審く心を持っていたが故に、それが現象化したのでありました。三界は唯心の所現、その真理の言葉、それが私にはぴったり現れて来たのであります。

それから、もう一つの失敗と申しますのは、昨日も申上げましたように、子供というものは、ほんとに純なものであります。仏さまであります。僕のようなものでも病気になれば早速と見舞に来てくれて「先生早く快くなって下さい」と泣いている。これで悪くなったら本当にどうかしているのです。

三界は唯心の所現 仏教語。一切衆生が輪廻する欲界・色界・無色界の三つの世界の全ての事象は心の現れであるということ

しかし二学期になりまして、その仏さんの心を持った生徒の一人が、どうした間違いか又悪いことをしたのであります。昨日お話し致しましたところの、友達の弁当に唐辛子を投げ込んだ子供であります。本当に仏様になり切っておったならばやれないはずなのに、又やったのであります。しかし、その時に私はこう感じました。それは自分の燈明があまり暗いから、もっと明るくなったならば、彼らが暗いところにおっても決してそういう悪いことはしない、神の心を常に与えられている彼らが、暗いところに隠れて悪いことをしたりするのは、自分の燈明があまりに暗かったからだ、私はもっと大きな燈明にならなければならない、こういう切実な叫びを私は心の内部で聴いたのであります。しかし私はこの自分の燈明の他に、彼らが生かされているのは私一人の燈明で生かされているのではない。彼らの内部にはお父さんの燈明がある、お母さんの燈明がある、その他友達の燈明がある。しかし、私から離れて、お母さんの膝下に帰った時自分の燈明の光

燈明　神仏に供えるともしび

膝下　親元。養育者のそば

が薄いから、お母さんの方で、よし、たといその灯は暗くとも、近くにいるだけ自分の燈明より子供の胸にぴったり来る。私がどんなに仏様にして帰しても、家へ帰った時、お父さんの燈明、お母さんの燈明に照らされている方が、僕の燈明よりも、遥かに明るくしているのであります。子供は、それぞれその家庭に於て明るくしてやらなければならない。お父さんとお母さんの燈明が、互いに鎬ぎ合い、消し合っていては、どうしてこの子供が良くなりましょうか。——私はこう思って、子供が悪いのはこれは何か家庭内に原因があるのだろうと思いました。

これはその頃の出来事でしたが、あの上海の祝勝会の時に、生徒が旗行列をやって、学校が少し定刻より早く退けたのですが、その帰りに、一人の生徒がお汁粉屋に入ってぜんざいを食べた。これが発見されたのであります。学校としては校則もあり、そのまま見す見す看過されないのであります。やはり、校則に反したときは、叱責して本当の自分を見出させる、自

たとい　「たとえ」に同じ

鎬ぎ合う　激しく争う。「しのぎを削る」の形で用いる

上海　上海事変。昭和七年一月二十八日に上海で起こった日本と中華民国との戦闘。本全集第一巻「光明篇」第二章九四頁、第十一巻「実証篇」一二頁参照

祝勝会　勝利を祝う集まり。戦勝を祝う会

旗行列　祝賀の時などに大勢の人が小旗を持って練り歩くこと

見す見す　目の前に見えていながら。わかっていながら

分というものを全然吐き出さしてしまわなければ神性は見出せない。吐き出させるだけ吐き出さしてみて、その後は本当の仏さまになれるのです。そこで私は生徒達にも、段々吐き出させてその吐き出した懺悔を紙に書かせておりますが、それが最近は段々短くなって来ました。それからこの間の日曜日にその問題を起した生徒の家へ行って、ちょっとお母さんに会って話してみたのですが、そうすると私が予想したとおり、家庭の燈明が暗いのであります。その家のお父さんとお母さんがどうもそりが合わない。お父さんは五十八歳とかでもう十何年間というもの戸外へ出ない、そういう変った方なのです。それで、お伺いした時も、奥さんが「先生どうぞこちらへ」といって、他家へ私を伴れて行って話をする。お父さんとの仲も推察出来まして「ははア、そうですか」「家の親父は炬燵の蒲団に頭を突込んで、黙り腐っております。子供に対しても非常に愛がない」とこう被仰います。「それは愛がないのじゃない、ただ、現す言葉が下手だとは思いますけれども、時々

神性　神の子である本性

懺悔　犯した罪を神や人に告白すること

そりが合わない　刀の「そり」が「さや」と合わない意より、仲がしっくりしない。相性がよくない

推察　他人の事情や心の中を思いやること。おしはかること

拳固を振り廻すのであります。それが子供だけじゃない。私にまでもやるのです」と奥さんは涙を流すのです。私は、ははア、この子供がぜんざいを食ったのはここだナと思いました。これは、もっと明るい燈明を燈してやらなければならないと思って、色々とそこでお話して上げました。「どうぞお父さんには、そうした頑なお心があるかも知れませんが、そのお父さんの頑な心も本当に拝んで上げて下さい。お母さんが、お父さんを拝んで下されば、きっと子供は良くなりますよ。お母さんが、お子さんを救わなくて誰がこれを救うものですか」こう申したのであります。そのお父さんは、子供に対するのにどういう態度をとっていたかというと——その子供は非常にランニングに優れている。この間も私の学校で、広島から宮島まで全校生がマラソンしました。その時五十八分三十九秒というレコードを出しまして、全校一だったのが、四年生のその子供だったのであります。全校一番だというので、子供も非常に喜びまして、私は「そうだ！　その意気でや

拳固　げんこつ

宮島　広島県西南部の地名。平成十七年に廿日市市に編入。厳島（いつくしま）の別称。「安芸の宮島」として日本三景の一つ。平成八年に世界文化遺産に登録された

レコード　record　記録

れ！　何でも出来るのだ」といって激励してやりました。しかし家庭に帰った時、どういうように家人の方がいってくれたかというと「それはよかったねエ」といってくれたかというと、そうではなかったのです。お母さんが只一人「それはよかったねエ」と、こう被仰った。するとお父さんが「何だ莫迦野郎！　それ位で走ったって何が偉いものか」こう被仰ったというのであります。「そんなことは下らんじゃないか」とたった一言本人に投げつけられた言葉はそれだけである。それは子供にとっては最も喜ばしい希望を、どかんとやってしまう。子供の珠玉のような希望というものは、これによって全然打ち壊されてしまって、子供自身、「自分は駄目だ」という気がしまして、何に対しても熱意が起らない。或るとき、一学期の点が前より少し良くなって、平均点七点幾らになったのですが、又お父さんが「莫迦！　十点になったらともかく、七点位で何か！」という、それじゃ子供は全くやり切れないのです。そういう気持だったから子供の気持が荒むのも無理はない

珠玉　真珠や玉のように美しいもの、立派なもの

と思いまして、「お前が学校の帰りにお汁粉屋にぜんざいを食いに行ったのは、何が原因だか判ったか?」生徒は下を向いて黙っております。「先生、僕はいえません」「いえなければいい。先生が代りにいってやろう。お前は淋しいんだ。家庭が暗いのだ。旗行列の日に学校が早く退けた。それでお前は旗行列が済んで学校に帰ってもお友達は皆温かい家庭に帰って一人もおらん。自分の家へ帰っても、お父さんの顔をみると、それが嫌だ。お父さんのあの心配そうな顔を見るのも忍びない事だったろう。しかし遊びに行くところもない、そこで時間を費す為にお汁粉屋に入ってぜんざいを食ったのだろう?」「先生! 僕は淋しいんです! 僕は淋しいんです」こういったのであります。もっと明るい燈明がこの子の家庭に入っておったならば、この子の家庭に点っておったならば、この子供は決してそんな事をする事はなかっただろうと、こう思ったのであります。何月号かの『生命の教育』に「家庭の幸福を持たない人は可哀想である。外には危険という罠が待っ

『生命の教育』 昭和十年八月創刊の月刊誌。著者が提唱した〝ほめる教育〟〝引き出す教育〟として知られる「生命の教育」の普及のために創刊された。現在も公益財団法人新教育者連盟に引き継がれている

ている」こういう谷口先生の「智慧の言葉」がありましたが、私はつくづくそれを思ったのであります。私は子供の教育に対しましては、なるべく神性を見出すように、仏性を見出すように教育をやっております。しかし、私共教師が子供に接しますのは、時間からいうと、私の場合では、現在一週間に一つの組に一時間しか出ておりません。私の担任の組の子供に毎日接するのは、昼飯の時の四十五分間だけであります。ところが御家庭で皆様がお子さんに接せられるのは、何時間でございましょうか。これを思いますと、本当にもっともっと大きな光明をそれぞれの家庭に点して戴きたいのであります。そうしたならば、学校の波長にお母さんお父さんの波長がぴったりと合って、そこに於て、初めてその子供がすくすくと神の子本然の姿に伸びて行くのじゃないかと思います。学校に於て私が教えておりますのは、谷口先生が放送されます真理をただ中継放送するだけであります。中継放送をしまして、それを実際お聴き下さいますのは、それは生徒の

「智慧の言葉」 真理を短文で書き表した著者の箴言集。本全集第三十四巻「聖語篇」に収録

仏性 内在する仏としての本性

本然 自然のままの状態。生まれつきそなわっているもの

家庭の方々だろうと思います。私たちが学校で如何に中継放送をしましても、生徒の家庭で波長が合わなかったならば、その子供は決して私達の放送を聴き入れてはくれないのであります。私の中継放送の波長は『生命の實相』であります。私は教壇から『生命の實相』の中継をしながら、どうか家庭の方々も『生命の實相』に波長を合わして下さるようにと心から念じている次第でございます。（広島市外戸坂村一九六）

豊作受賞の吾が家

上杉作一

私は蜜柑の栽培を業としているものでございます。実は一昨年の昭和十一年度は相当不作でありました上に蜜柑倉庫に鼠が入りまして始末がつかず、ほとほと弱らされました。一般の方は鼠ぐらい入ったところでたいした事もないだろうとお考えかも知れませんが、鼠が入りますと、蜜柑の上を走

頭注版㊱一三三頁

り歩いて所かまわず糞尿をするし、そして、その糞尿がかかると片はしから腐敗する。そういう具合でありまして、一昨年は已むを得ず販売の時期でもないのに、在庫品を手離さねばならないような羽目にいたり、相当打撃を被りました。そしてもちろん、猫いらずや、その他いろんな方法を講じてみましたが、いっこう利目がありませんでした。そこで私は、「七つの燈台の点燈者の神示」を思い出しまして、「汝等天地一切のものと和解せよ」という心持になったのであります。ところが、昨年は蜜柑は非常に豊作でありまして、普通の倉庫はもちろんほかに完全な設備のないところにも貯蔵いたしました。そして、それにもかかわらず、鼠の被害は皆無でございまして、販売の方も非常に好都合にゆきました。そこで私は鼠とどんなふうに調和したかといいますと、私は鼠を家族同様に愛することにしまして、私達の食膳に珍しい物がのぼる時はやはり鼠にもおすそ分けするような事にしたのであります。

羽目　困った状況

猫いらず　殺鼠剤の商標名。明治三十八年に製造発売された日本初の黄燐（おうりん）系の殺鼠剤。現在は毒物及び劇物取締法の対象となり、一般には使われていない

おすそ分け　もらった品物や利益の一部を他人に分けること

それから蜜柑苗木も栽培しているのですが、もちろんそれに私は自分の全生命を打ちこんでいます。ところが一昨年の如きは、大分県の苗木養成組合に於ては、いまだかつてないところの優等賞を受領いたしました。それ以来、本年まで優等賞は出ません。優等賞を戴いたのは大分県で私一人であります。その上販売の方におきましても、我が大分県では生産過剰のために、どなたも皆販売に苦しんでいますけれど、私の苗木のみ、ほとんど売約済みになってしまいました。これみな「生長の家」の真理に触れさせて戴いたお蔭でございまして、谷口先生に厚く御礼申上げ、この御報告をいたします次第でございます。（大分県津久見町彦ノ内）

姪の無痛分娩

広田　勝

私が神縁を得ましたのは昭和十一年の八月であります。私は長らく神経

頭注版㊱一三四頁

神縁　神の導き。ここでは生長の家の教えに触れる機会

衰弱をわずらっておったのでありますが『生命の實相』を読んでおります内、一巻より読み始め四巻迄二回読んで終った時、私の病はいつ治ったか判らぬように治っておったのであります。この四巻までは他人のを借りて読まして戴いたのでありますが、臼杵町に生長の家支部がある事を知ったので早速一巻より十二巻迄全部一時に買ったのであります。今も順々に読ませて戴いておるのでありますが、有難い事には昨年九月でありました、私の妻が金釘を踏み立てて、そこが非常に腫れて足が立てなくなりましたので、家内は明日は医者に行って治療をしてもらわねば歩かれないと申します。それでその晩私が『生命の實相』の話や心の法則を話してやりまして『甘露の法雨』を誦んで聞かし、そして神想観をしてその夜は寝に就きました。ところが夜明前に私が家内を起しましたところ、家内が今妙な夢を見たと申しますので、私がどんな夢を見たかと申しますと、家内が金釘を踏み立てた処より水とも膿とも知れぬ物が多く盛んに出たと申しますので、

一巻　「総説篇」「実相篇」。本全集では第一～四巻

四巻　「生活篇」「観行篇」。本全集では第十二～十五巻

十二巻迄　本書執筆当時の黒布表紙版『生命の實相』全集は第十二巻までであった。本全集では第三十八巻までにあたる

踏み立てる　踏んで足に突き刺す。また、地面をしっかり踏んで立つ

寝に就く　寝る。就寝する

私は、それはもう釘を踏み立てた傷は「生長の家」の神様が治療して下さったのだからもう痛い事はないだろうと申しました。すると家内はこうして寝ておれば痛い事はないが足を踏み立ててみねば判らないと申しまして、起きて足を踏み立ててみますと、まだ少しは痛いような感じがするようなのです。私は、それは昨夜あれ程痛かったのだから心の奥底にまだ痛みが染み込んでいて、それで痛いような感じがするので、もう釘を踏み立てた傷は治ってしまっておるのだと申し聞かせました。ところが一時間も経たぬ内に痛みはすっかり治ってしまったのであります。

次に有難い事は家内の姪に当る者が無痛安産をした事であります。さだ子という女ですが、ちょうど昨年の九月に私の家に用事があって参りました時、私が「さだ子、お前は初産の時は非常に難産だったが、今度は無痛安産をしてはどうか」と、申しますと、「叔父さん、そんな事が出来ますか」とさだ子は申しますので、私は無痛安産はおろか「生長の家」では快感分

初産　初めての出産

おろか　…は言うまでもなく

娩をする人さえあるのだといいました。姪はそれを聞いて非常に喜びまして、それでは自分も無痛分娩をしたいといいますので、私は無痛分娩の体験のある『光の泉』を貸してやりました。それから一月ほど経って又姪が、私の家に参りましたので、今度は『生命の實相』一巻を貸してやりました。その頃さだ子の嫁入り先の父が、胃癌で困っていたのであります。そこで私が臼杵町の高橋良一先生から来て頂き有難いお話をしてもらいました時、さだ子にもその話を聞かしました。それから十一月の或る晩、さだ子が病父に「お父さん、今晩『生命の實相』を読んで聞かせましょう」と申しますと、父は「私は今晩はよいからお前は身重な身体でありながら、昼の仕事で非常につかれておるから休みなさい」と申します。さだ子は「私の事を心配せんでも、お父さんの病気が早く治るのが何より楽しみであります」と申しまして『生命の實相』を何頁か読んで聞かしました。翌る朝さだ子が起きて母に申しますには「お母さん私は今朝腰がつるようであります」と申

身重こと　妊娠している

しますと、母は子供が生れるかも知れぬから早く休みなさいと申しまして、さだ子の夫を産婆さんの処へやりました。やがて二時間後産婆さんが来てくれまして直ぐあかちゃんが出来ますと申します。それから間もなく、さだ子が御不浄へ行きたいと申しますと、産婆さんが「もうそんな事は出来ません」と申しますので、ではもう生れるのかなあと思いましたが、それにしてはお腹が少しも痛くないのです。そして『甘露の法雨』の記憶しているところだけを、目をつぶって心の中で拾い誦みしますうち、いつの間にか女の子が生れておったのであります。それから産後十日余りしてから、もうさだ子は大きな桶に水を一ぱい入れて一町ばかりもある所から天秤でかついで帰って来たりして相当荒仕事をしますけれども、身体には少しの異常なくびくともしませんでした。こんな有難い事が私の家や親戚に出来ました事は偏に谷口先生のお蔭と毎日有難く感謝しておる次第であります。

（大分県北海部郡南津留村払川）

産婆さん　助産婦、助産師の旧称

御不浄　便所を丁寧に言う語

一町　約一〇九メートル

天秤　天秤棒の略。両端に荷物をつるして肩に当ててかつぐ棒

荒仕事　力仕事。激しい肉体労働

偏に　まったく

『生命の實相』に救わる

久我孝正

私は禅宗の僧侶でございます。どうかして覚りを得たいと思いまして、修行をしておりましたが、最前のお話にもありましたように、人間は仏である、そのまま仏である、特に曹洞宗では殊にそういうのでありますけれども、そう教えては頂いても、心の迷いに満ちたこの煩悩妄想に満ちたところの自分が、どうして仏であろうか、どうしても自分は信ずることが出来なかったのであります。従って、坐禅も本気で出来なかったのであります。

親鸞聖人は、煩悩、妄想に充ち満ちたこの悪人である自分たちを救うために、真宗を開かれたということを聞きましたので、一所懸命になって、真宗の教えを頂いたのでありますけれども、自分は地獄へ堕るよりほかに道はないというところまでは判ったが、それから最後のところへ行って、やは

頭注版㊱一三七頁

禅宗 坐禅によって悟りを開こうとする宗派。達磨を開祖とする。日本へは鎌倉時代に道元、栄西、江戸時代に隠元によって伝えられた

最前 さきほど

曹洞宗 禅宗の一派。鎌倉時代に道元が宋で修得して日本に伝えた。臨済宗と並ぶ禅宗の宗派

親鸞聖人 承安三～弘長二年。鎌倉時代の僧。浄土宗の開祖法然の弟子。浄土真宗の開祖

真宗 浄土真宗。鎌倉時代初期に法然の弟子親鸞によって立てられた浄土教の一派。阿弥陀仏による救済、他力本願を宗旨とする

りお前は仏であるぞ、阿弥陀仏の御名に生かされておるといわれても、この妄想に満ちた自分がどうして仏であろうかと思いまして、それから、あちらこちらと訪ね、曹洞宗の改革を唱えた高田道見氏の所にも走りましたが、結局同じことでありました。

ところがこうして迷っておりました時に、皆さんも御承知のように、西田天香氏の『懺悔の生活』という書物が出まして、私はそれに噛り附いて読んだのであります。そうしてあの人の著書を悉く読みましたが、自分たちは出家であるから、寺を出る、家を出るということが、本当の出家道だと思いまして、私はあの西田天香氏の形だけを真似したわけであります。そして着ている衣もすっかり脱ぎ捨て、自分が読んだ書物も或るお寺の簡易図書館に寄附してしまって、ありとあらゆる持ち物を全部捨てて街頭に立ったのでありますけれども、最後に捨て得ないものがあった、捨てられなかったものがありました。それは私のこの迷いの心と、この体、肉体を持ってお

高田道見氏　安政五～大正十二年。広島県生まれ。曹洞宗僧侶。在家信者への平易な言葉での伝道を重視して文筆活動や講演等を精力的に行った。著書多数

西田天香氏　明治五～昭和四十三年。本名は市太郎。長浜八幡神社境内の愛染堂で断食坐禅中、宗教的悟りを得る。その後、一燈園を創始した。主著に『懺悔の生活』がある

『懺悔の生活』　大正十年に春秋社より刊行。西田天香の「無一物無所有の生活」「懺悔・下座の生活」に至る求道の軌跡を綴る

出家　家や俗世の生活を捨ててその宗教の門に入った人

街頭に立つ　一燈園での托鉢(たくはつ)修行。鉢を持って経文を称えながら米や銭などの施しを受けること

ったのであります。だから私は街頭に立ったけれども、それは私の安住地ではなかったのであります。そうしているうちに、師匠が歳が行きまして亡くなったので、私は迷いのまま、安住を得ないままお寺の住職になったのであります。

住職になりますと、葬式をしなければならない。私は迷いのまま葬式することは苦しいのであります。自分が信じないのになぜ無言の人が仏になることが出来ようかと考えたのであります。それから私の信じただけのことを教えて、それによって成仏させようと思って、判り易く口語体に書いたお経を出したところが、ああいうお坊さんにうちのお寺においてもらうと、やかましくて困るというので、これではやはりいかんなと私は思いました。判らんお経を、お布施が多い時には永く誦んで、少い時には二口三口しゃべっておく、それでどうにか済むものだとしておりましたけれども、私の心ではどうしても落着かないのであります。だから私は地方の倫理運動に一

安住地　安心して落ち着いていられる場所や境遇

住職　一つの寺の長である僧。住持

口語体　話し言葉に基づく文章の形式

お布施　仏や僧に施す金品

所懸命になったり、修養団にもはいって、青年を集めてまぎらかしておったけれども、私の潜在意識はどうしても本当にしない。そうして死んだものは物もいわぬ、理窟もいわないから、私も「成程死んだものは、いくら嘘をいっても理窟をいうて来んから有難い」と思っておったのであります。

ところがこの自分の心の不安は、肉体の上に現れて、慢性の胃腸病で二十年この方苦しめられて来たのであります。最後には昨年肺結核とまで診断されたのであります。そうして死んだ者は、物いわんと思っていたのが当てが違ったのであります。私が引導した亡者たちが皆集って、私を地獄に引張って来たのであります。どんな地獄かというと、やいとという火の地獄に伴れて来た。あるいは温泉といって、湯気の立つ所の湯の地獄にも伴れて行った。咽喉頸を絞めようと、肺結核という名前まで附けられて、苦しめられたのであります。

それから私、入院すると同時に『生命の實相』を読まして戴きまして、

潜在意識　人間の意識のうち、自覚を伴わないが心の奥底に潜んでいる意識。全意識の九五パーセントを占め、人間の行動のほとんどはこの影響を受けているとされる。本全集第十一巻「精神分析篇」参照

引導　葬儀で導師が棺の前で、死者が悟りを得るように説ききかせること

亡者　死者。特に成仏できずに冥土に迷っている者

また読まずにおれなくなって読んだのであります。そして忽然迷夢は覚され、暗黒世界は光明楽土と変じ、即心是仏の自覚を得、罪業因縁を超越すると共にお医者も不用となってしまって、同時に私はすっかり二十年来の慢性の胃腸も肺結核も、その日からすっかり治ってしまったのであります。谷口先生に篤く御礼を申上げる次第であります。（宮崎県延岡市）

教育上にこの効果

立田龍夫

未だ入信後三ヵ月余ではございますが、既にたくさんの有難い体験をさして戴き、日々を幸福に過している次第でございます。

先ず家内の心臓病を全快さしていただいたこと、それから長男の喘息の全快、心臓病の家内がほとんど無痛安産し、井戸水が飲料に適するようになったこと等数多くの体験がございますが、只今は主として、教職にある

忽然　にわかに。たちまち
迷夢　仏教語。夢の中のような迷いの境地
即心是仏　禅宗の教えの代表的な言葉。衆生の心はそのまま仏であること。心と仏とは一体であること
罪業　来世で苦しみを受ける原因となる悪い業。悪業

頭注版㊱一四〇頁

者として一番悩んでいます児童教育について簡単に申上げさしていただきます。

或る雨天の日教室内で子供が遊んでいまして突然喧嘩を始めました。私は元来短気な方で「こんなにまで話を聞かせ、色々しているのに喧嘩など始めて」と思っています中に、怒ってしまい、「ちょっと来い」と叱りつけました。

その時はッと反省させられまして「いや子供が悪いのではない、自分のどこかに欠けている点があるのである。まだまだ自分は母心を以て教育してはいない」そして我常に神と偕に在りと思った時、子供に済まぬと考えているうちに児童は私の方へやって来ました。その時はらはらと涙がこぼれました。と同時に一人の子供も「悪かったです。先生、済みません」と泣いて後悔致します。すると、もう一人の子供も同じように詫びました。私は子供の多勢いることを忘れ、思わず、抱合って泣きました。その日夕方帰宅致

元来　もとから

しますと、先刻喧嘩をした子供二人が遠い私の家に遊びに来てくれていました時は又つい泣かされました。その後喧嘩をした子供達は皆な深切にし合い出しました。

私の学級に大変腕白者がいまして、よく学校の近くにいる気狂のお島というお婆さんをからかったり、その小屋に石を投げ込むのですが、或日綴方に次のようなことを書いていました。

かわいそうな人

僕はもとお婆さんのことを「お島お島」といったが、この頃悪いということが解って来た。この頃はかわいそうになって来たのでそのお話をお母さんにした。すると、お母さんは可哀想にといって家にあるお菓子と御飯を持って行ってやりなさいといったので、走って持って行ってやると、とても喜んだ。

腕白者　いたずらで言うことをきかない子供、特に男の子

気狂　精神病や精神病患者の俗称

綴方　旧制の小学校国語科の領域の一つ。作文

今迄お婆さんは働きたいと、こう思っていたが、かまうので働けないといった。

僕は可哀想になった。僕が帰ろうとするとちょびっとしかないところから、十銭持って来て僕にくれようとするので、貧乏の人から貰ってもちょっとも嬉しいことはないから貰わなかった。

毎日お母さんから戴くおやつの半分を持って行ってやると、とても喜んでくれる。――

この子供はとても持余していた子供でこの子供と同席させると父兄から小言をよく聞いたものですが、私が一度も石を投げてはいかんと注意したこともないのに、こんなに変ってくれたことを喜んでいます。

その他教育上に現れたことは、

一、物を大切にして忘れ物、落し物がなくなった。（物質を物質としてみる時、真の喜びは見出されない。生命の現れとしてみる時子供が

かまう　いじめる。ふざけていたずらする。日本各地にみられる方言

十銭　現在の約二百～三百円に相当する

持余す　取り扱いに悩む。処置に困る

父兄　学校に通う子供などの保護者の旧称

かかる状態になることを深く感じさせられました。）

二、よく働き出しました。

三、家に帰ってから素直になった。

四、学業が向上してきた。

これ等は皆朝と帰校の際に合掌させて心を静かにさせただけでこんなに変って参りました。

十余年の教育生活から、只今本当に楽しい教育生活を味わわさしていただいたことを感謝致します。（兵庫県西宮市森具屋敷）

感謝から希望へ

尾形　平

私は過去十年間非常に悩みました。今にも池へ跳込みたい、汽車へ行こうかなどと、死にたい死にたいの気持で何のために、自分は生きているので

かかる　このような

頭注版㊱一四三頁

あろうか、何のために自分は生れて来たのであろうかというようなことを考えあぐみ、とうとう「人間は食わんがために生きるのか、生きんがために食うのか」ということに引っ掛りました。谷口先生のお教えに「引っ掛るのが、即ち迷の因である」と説いてございましたが、その通り何とかしてこれを解決したいものであると、日夜焦れば焦るだけ深みに入って、即ちこれがこの世の地獄、心の地獄であったと、今更ぞっとするような次第でございます。そこで、ある時先輩に相談しましたら、「君、そんな事しても、とても駄目だ」といって相手にしてくれない。しかし私は苦しくてたまらないので遂に或る私の先輩で、今は誌友になっていますが、その方に相談しましたら、「これを読んでみ給え」といって、貸してくれたのが、金光教で有名な高橋正雄先生の『仕事』という本でありました。そしてそれを読んで成程と大分共鳴するところがございまして、自分の心を容れるとしましたら、間口は広い立派な堂々たる家のようですが、何分にも家の奥行が判らない。

…**あぐむ**　物事がうまくゆかず、いやになること

金光教　教派神道の一つ。安政六年、赤沢文治（川手文治郎）が創始

高橋正雄先生　明治二十～昭和四十年。金光教団の幹部として教団の基礎を確立した。本全集第四巻「実相篇」下巻第十二章、第十巻「聖霊篇」下巻第十章等参照

『仕事』　昭和七年、篠山書房刊

共鳴　他人の考えなどに心から同感すること

間口　家屋や土地の正面の幅

そのうちに、また「君、それが気に入らねば、この本を読んでみ給え」といわれまして、西田天香氏の『懺悔の生活』という本を読みましたが、これはどうもコンクリートの家のようで、私の迷の心を容れて、安住するに足る家ではなかったのでございます。その後友達などが私を評して、「あの男はなかなか偉い頭を持っているが、融通が利かん。堅過ぎていかん。可哀そうである。何とかして救うてやりたい」ということを始終いってくれましたが、いいお触れがなかったのであります。

　ところが或る時私の従兄弟が『生長の家』という谷口先生のお教えの本があるから読んでみよといいましたけれども、本を読んで悩みが解けるものかといっぺんは思ってみました。しかし待てよ、自分の苦しみは心の苦しみである。心の苦しみは、やはり眼や耳から入れるよりほかないので、これを読んだら、解けるかも知れないと思いました。心の悩みというものは耳から入れるか眼で見るかしてよりほか、どうしても解決することが出来ないとい

融通　物事を臨機応変に処理すること

うことに気がつきました。そういう具合で、その本を一つ読んでみようというのが、これが四年前でございました。東京に註文しまして、送って来るのを待ち兼ねて一頁読み、二頁読み、「これはいい、これはいい、なぜ早くこんなものが僕の手に入らなかったのであろうか、これは早く皆な読みたいものである」と私は思いまして、すぐに裏の二階に上るなり、この本にかじりついてしまいました。ところが一所懸命で読んでいますと、「人が来ましたら、どうしましょう」と家内がいうので、「留守だといえ」「電話がかかりましたらどうしましょう」「おらんといえ」「御飯の時には、どうしましょう」「喰べとうなったら食べに降りる」というような調子で、私は短気でございますから、家内にぷんぷんするのですが、内心では、自分はまるで、お釈迦様のような気で、世界で一番偉い者になったような気持でありました。そして、二階の戸をぴしゃんと締めたまま色鉛筆とペンをもって丸をつけ、朱をつけたりして、これはええ、なぜ早くこれを読まなかったのであ

お釈迦様　紀元前四六三～前三八三年頃。仏教の始祖。釈迦族の王子だったが出家した。苦行の末三十五歳で悟りを開いた

ろうかと思いましたら涙がハラハラと出ました。そして三日三晩かかって読みました。読んで行くうちに、すっかり私は救われました。なぜこれほどの大きな家を、もっと早く見附けなかったかと思いました。「生長の家」は間口も無限、奥行も無限であり、これによって救われて初めて私は光明化したのであります。そこで私は家内にも「おい、俺は救われた、初めて自分の行くべき道が判った。喜んでくれ」といったのであります。この位嬉しいことはありません。理想の妻を迎えた時よりもまだまだ嬉しかった。いまだかつて私はこの位嬉しくて、この位嬉し泣きに泣いて喜んだことはありません。

その後、これは第一番に足許から固めてかからねばならんと思いました。足許というのは、家庭の光明化でございます。家庭の光明化の第一番は「感謝」でございます。感謝、何事も感謝。ああ悪かった、これは何事にも感謝しなくてはいかん。感謝したら初めて腹の立つのもなおる。有難い、有難い事である。本を読ましてもらったのも有難い。家内が短気な私に努めてくれたのも有難い。何事も有難い有難い有難いと感謝したのであります。感謝してみると、感謝の次には「希望」というものが生れて来ます。希望によって、その日その日を送ることが出来る。物事が神様の有難いお働きであると思うと、よく真宗のお説教で聴いた事がございますが、お委せの生活が出来るのでございます。

それからすぐに近所の者にも、「こうこうで僕は方針を変える」と申しますと、近所の者も気が狂ったのではなかろうかと思ったそうでございます。なお、それまでは、男子たるものは顔に出して笑うということは、駄目である、ということを口にしていましたが、大いに笑うべきである、笑わなければいかんという気になりました。するとあの男は非常に変って来たといって、私の営業はどんどん思うように行くようになり、欲するものは何も彼も与えられるというわけでございます。そして、何とかして私の方へ支部

お説教　神や仏の教えを説いて聴かせること。また、その話

を置きたいという話も出まして、本部への供託金もうまく都合がつき、有難いことに支部の看板をかけさして戴きました。

また私の家庭に於きましても、いつもニコニコ笑うことばかりでございまして、女共なども、お父様は「生長の家」になって、とてもやさしいお父様になったといい、親類の者も感心しています。また一昨年でございました、今年七つになる男の子がございますが、寒い日に薄着で走り廻りますので、私の父が「子供は風の子だ、薄着してもいい」と申しますと、「おじいさん、違うで、僕は神の子です」とこうやりました。本当に私は嬉しゅうございました。私は前は、神も仏もないものである。霊というものは絶対にない。吾々の生命というものは、全然息が切れたら、同時に霊も消えてしまうものであると思っておりましたが、谷口先生の本を読みまして、神、仏はある、霊もある、そこで先祖へ感謝しなければならぬという気になり、毎晩必ず家族揃って仕事が済みましたら仏壇の前へ行って「生きとし生け

供託金 保証のために預ける金銭

るもの……」ということを唱えまして、それから神棚へ向って「日本中の神様、ありがとうございました。僕を偉い人にして下さいました」とお礼を申上げます。それから後に私は考えまして、神棚は南向に作って北向に拝み、東へ向いて、

「天皇陛下、有難うございました」

といい、そういうふうにして気持よく暮しております。

なお、色々話が飛々になりますが、申上げたいことがもう一つございます。私の家内は病気ということはあるものと、思いこんでおりまして、病気になったら医者を招んで、薬を必ず服用なければいかんという気持でおりましたが「生長の家」の真理を知りましてからは最早、絶対に薬の力ではない、何よりも仏さまに委せ切ったら病気は治る、という考えをもつようになりました。どんな仏さんかというと「放っとけさん」です。そういう具合でありまして、私が入信してから四年このかた、薬一服服んだこともな

く、今申上げましたように家族みな健康で朗かであります。これ皆谷口先生の真理のお蔭によって救われたものでありまして、ただ感謝のほかなく、将来も益々お道のために精進し働かして戴きたいと思うのであります。

（愛媛県大洲町大字中村）

一時的治療は駄目

古堅安綱

私は海軍の方に御厄介になっている在郷軍人であります。私が海軍を辞める前でしたが、尿に白いのが出る、頭がぼんやりしてさっぱりしないというような変な調子になってしまいました。そして、それが一週間続きました。医者に診察を受けましたところが、治る薬がない、終いには衰弱して死んでしまうという事でございました。ところが、最近長崎医大で研究された治療法があるといわれ、それをやってみよと勧められましたので、三度

頭注版㊱一四九頁

在郷軍人　現役を退いた予備役の軍人。予備役は、一般社会で生活しながら有事や訓練の際には軍隊に戻る

その治療を受けました。すると、わけなく治ったのであります。私はこれで大丈夫と思いました。が、それから三ヵ年経ちましてから、ちょうど正月でしたが、私が工事の現場で働いていましたところ——私は請負の仕事を手伝っています——又その病気が起ったのであります。そこで私は、これは物質的治療だけではいけない、一時的のおさえではいけない、ということがわかったのであります。

そして、その時私は谷口先生の『生命の實相』を読まして戴いたのでありました。医者は絶対に安静にせよ、卵など食べてはいけない、といっていましたけれど、私は、『生命の實相』を読まして戴いて、そんな食べ物に恐怖せず、こだわりを持たず、ただ有難いという心で食べるようになりました。それからというもの仕事の方も自分が今休んでは困るのだ、自分は神の子だ、病気は無いのだという信念が起ってきて一日も休まず現場に出て働きました。私はその時有難くて有難くて、私を生かして下さる天地の神様、

請負　建築や土木工事などで日限や報酬を取り決めて仕事を引き受けること

そして、この尊い真理をお伝え下さった谷口先生に対して掌を合して拝みました。ところが、それから私は何を食べても非常においしくなってきました。もともと私は海軍にいます時から非常に食いしんぼうでございました。そして、その病気はいつの間にか消えて無くなりましたし、又家庭生活も非常に明るくなって参りました。

それから「七つの燈台の点燈者の神示」にありますところの「汝の召使に感謝せよ」この言葉でございます、私は召使は持っていませんが番頭に感謝しています。そして、私がすべての人に感謝の念を持つようになりましてから、仕事の方も大変都合よくゆくようになりました。今回の講習会につきましても四月一日からひとつ工事が始まりまして、五月三日が期限でございましたが、そうしますと谷口先生の御講義を聴く都合が悪い、ということになっていたのですが、ところが実際は予定より十日ばかり早く出来あがりまして、望み通りに出席致すことが出来ました。大変有難いことに存

番頭　商家などの使用人の責任者で、現場の万事を預かる者

じております。（佐世保市天神町三一五）

子供の昇天

福井和子

私は七年前に夫に死別致しまして、その時に二つになります女の子を残されまして、色々と苦労をして参ったのでございます。昭和十二年の十一月でございますが、子供が非常に弱くってもう私の手で育てられぬようになった時に、生長の家の御本を読ませて戴きましてから、皆それは私の取越し苦労であり、迷であったということを知らせて戴きまして、それから非常に子供が健康になりました。普通の子供さんに比較しますと幾分細うございましたし、弱々しく見えましたが、私の心としては、本当に有難くって有難くって感謝の日を送らせて戴いておりました。ところが、十二年の十一月に又少し様子が変になりまして、色々と胸を痛めておりましたが、どうして

頭注版㊱一五一頁

昇天 死んで魂が天に昇ること

もはっきり致しませぬので、人に診て戴きましたら、「今度はとても駄目だと思いますから、どうぞお医者さんにて診てもらうように」といわれたのでございます。これまで私は、その子供について色々医薬を漁り、三回も博士から手を放されたりしまして、その都度、いろいろな信仰をあさりましたのですから、もう医薬というものは絶対に自信が持てなくなりましたので、そんなに申されましても、そんな馬鹿な事はないと思っておりました。それから、いろいろこのお道のお話をして戴きましてから、「そうだ、この子はもう何遍もお医者さんに手を放されているのだ。この子を生かさせておいて下さいということは私の執愛であった」ということを悟らせて戴きまして、すべてを神様にお委せするということに思い到りました。すると、同時に翌日から子供が、今まで十日も御飯を戴かずに唯眠い眠いといって眠ってばかりおりましたのが急に元気を出しまして、「私は神の子だ、病気はないんだ」と申しまして急に元気づき、御飯も戴くようになりまして、すっかり

執愛　人や物に心がとらわれた愛

い、もとの元気に還ったのであります。そして皆さんも不思議がりまして、妙な子供もあるものだといったりしておりました。

　ところがそれから、又私が喀血をしたのでございます。それまで私の身体に何の異常もなかったのでございますけれども、ちょうどその時分に、私の兄の家で舅　姑と嫁との葛藤がございまして、それで非常に私は胸を痛めておりました。まことにこれは家の恥を申すようでございますが、皆な御先祖様に対する心がございませぬので、どうかしてその心を持ってくれたらと私いつも念じておりましたのですけれども、どうしても誰も皆聞いてくれませんのです。まあ私一人がそうさせて戴いたらいいのだというふうに思っておりました。そしてその争いというのも、それぞれの我でございまして、そこで私は自分だけが如何にも実相を悟ったようなつもりで、私大変親や兄に対して意見がましいことを申したのでございますが、その心の現れとでも申しましょうか、非常に大喀血を致したのでございます。け

喀血　肺や気管支が出血し、その血を咳とともに吐くこと
舅　夫または妻の父親
姑　夫または妻の母親
葛藤　かずらや藤のつるがからみあうように、もつれていがみ合うこと

れども喀血の最中に、ああそうだった、私がこうして一人で喰べて行けるのも、皆兄さんやお母さんのお蔭だ、一人でやって行けるように仕込んでもらえたのもお母さんのお蔭だった、えらそうに私が意見がましいことなんかいって悪かった、ということに気づきますと、その時かなり多量の喀血をしたのですが、そして、そうした血を見るのも喀くのも私初めてでしたが、さまで驚きませんでした。そして、じっとしていられなくなったので、早速近所におりました兄を招んで来てもらいまして、お母さんの家まで——少し遠方でございましたが——自動車で帰ると申しまして帰ったのでございます。すると「どうしたのだ?」と皆ながびっくりしますので「実はこうこうで私非常に悪かった。もう私自分の自力でやって来たという、その心が悪かったのですから、もう私はお母さんの家に御厄介になりたい、殊に他人様の若い娘さんを預っていて——私、裁縫を致しておるのでございますけれども、——喀血したりするような場面を見せたりして心配をかけても悪

さまで　それほどまで

いと考えましたので、これはとても他人様とは暮せないという神様の思召と思いますから、まあ、お母さんなり、兄さんなり辛抱してどうぞ置いて下さい」と私帰ったのでございます。だけれど、いつも私が利口ぶって偉そうなもののいい方をするものですから、母は「お前は一番嫌いだ」としょっちゅう私にいっていたのでございます。それでお母さんも「唯さえややこしいのにお前のような出戻りが子供を伴れて帰ったのでは、とても家の中は納まらない。お前はお前でやっぱり一人でやっていたらよい」そういわれたのでございますが、私は自分が悪かったという事に気がつきましたから、私は「もうこんなになったのですから、お母さんの子ですから、お母さんの膝許へ子供の心になって帰りますから、どうぞそう思って置いて下さい」と申しますと、母も「お前がそんなにいうんだったら、置いてやるから」といってくれましたので、その日はそのまま寝ませて戴きました。ところがその晩も夜通し嫌な音を立てて喀血したのでございますが、それは忘れもしな

思召　お考え

唯さえ　普通の場合でさえ。そうでなくても

出戻り　嫁いだ後に夫と離別したり死別したりして実家に戻ること。また、その女性

い十月の十七日でございました。

それから翌日の十八日に医者に診て戴きましたら絶対安静だというのです。けれども「生長の家」はそんなことはないんですから、動けばいい、働けばいいと思うのですが、少し不安がございましたので、どうしようかと思ってぐずぐずしておりました。そして、夕方になりまして、ふと集会がないかなと思いましたが、考えてみますと十八日にはどこにもございませぬので、誰かに来てお話をして戴いてもう少し自分の心をはっきりさせたいと思っておりますと、かつて私を「自由」になりまするように導いて下さった——兄さんの友達でございますが——その方がいらっしゃいまして、もちろん私がこんなになっているということは少しも御存じないで、「今晩はじめて講演会がございますからいらっしゃいませんか」と誘われるのでございます。私はもう有難くって嬉しくって、「そんならすぐに行きます」と申しますと、お母さんは「お前大丈夫かい？」と心配してくれましたが、私は

「大丈夫です！　神の子ですもの、大丈夫です！」といって私は参ったのでございます。そして、途中十町程乗物にも乗らず歩いて行ったのでございますが、道々喀きましてたくさん持っていた懐紙を全部なくしたのでございます。その友達の方は非常にびっくりなさいまして、「あなたどうしたのですか」といわれますので、「私ね、あまりえらそうにいった罰があたったんです」と申しました。それから丁度その講演会があります一間程手前に路地がございまして、そこへ来た時その方は「ちょっと待って下さい。私先に入りますから」といわれて入られたのでございます。ところが私は何となくその路地へ入りたくなりましたので薄暗い路地でございましたが入りまして、そこで又とてもひどい喀血をしたのでございます。そこへ丁度岡本先生がお出でになりまして、「どうしたんですか、何やったんですか」といって、「出すものは出したらいいんですから、出しなさい出しなさい」と力づけて下さいました。そしてその時は随分たくさん出たのでございますが、皆さん

十町　約一〇九〇メートル。一町は約一〇九メートル

懐紙　たたんでふところに入れておく紙。詩歌などを書いたり、菓子を取り分けたり、ちり紙にしたりする。ふところは、和装で着物と胸との間

一間　約一八〇センチメートル

が深切に介抱してくれますので、私本当に有難かったのでございます。それからそこで喀くだけ喀かせて戴きまして、御近所の知っている方のお家をお借り致しまして、先生に来て戴き『甘露の法雨』を誦んで戴き、自分の事情なり、自分の心境を語りましたら、先生は「それでいいんです、もう大丈夫、今のはあなたの悪い心の現れだったのですから、もう出たものは二度とは出ないんですから。そうでしょう！」「ハイ」と申しまして、「そうだ、これでいいんだ」と思いまして、それっきり喀血が止ってしまったのでございます。それで、前夜には夜徹し喀きましたのが一度も喀血しなくなったのであります。それから家に帰りましたのは十二時でございましたが、朝の六時まで一回も喀血もせずに、ぐっすり寝ませて戴きました。お母さんは前夜は私が夜徹し喀くものでございますから、大変心配してくれまして寝ないで介抱してくれたのですが、お母さんもぐっすり寝まして朝六時に一緒に眼がさめました。「お前昨夜どうだった」「お蔭さまで一回もやりません

介抱　病人などの世話をすること。看護すること

でした」「ああそうかい、有難いなア」と、その時お母さんは「有難い、本当に有難いなア」といってくれました。そして、今までは形式的にはお母さんは仏壇を拝んでくれるのですが、その朝は仏壇にお燈明をあげてほんとうに心から掌を合せて拝んでくれました。私はその姿を見まして泣けて泣けて仕方がありませんでした。こんなにいいお母さんなのに、どうして今迄お母さんが判らない判らないなんていったのだろうか、と思いますと、本当に自分は何という親不孝者であったろうか、ということをつくづく感じまして「ああすまない」と心から思ったのでございます。そして、その夜は「これからはお母さんの実相を拝ませて戴きます」と決心を致しまして寝みました。そしてその朝はじっとしておられませんので、すぐ皆が働きに行きますので一緒に起きて御飯を戴いたのでございます。その御飯は本当に近来になく美味しゅうございました。よく私は食べ物の不足を申しまして、お母さんの家へ帰りますと、御飯を大抵一膳しか食べませんでしたが、その朝は御飯三膳とお味噌のお汁を三杯も食べまして、皆びっくりしておりました。「えらいたくさん食べるんだな」というので、「とても美味しいんです」と申しますと、お母さんは、自分だけ別に食べるという習慣でしたが、「私も今日から心を入れ替えて皆と一緒に何でも戴きましょう」といわれまして、私は本当に嬉しくて嬉しくて何ともいいようがございませんでした。

それで、その日から「もう私は仕事をやります。これから仕事をやります」と申しまして、たった十七日の夕方から十八日の夕方まで、ただ一日だけ休ませて戴きまして、翌日からはまた一所懸命にお裁縫をやり出したのであります。常識で申しましたら、そういう病にはお裁縫が一番毒だそうでございますが、私には何の異状もございませんでした。十二月の月にはいつもの年よりも特別よく出来まして、大抵夜分は二時、三時頃までやりますし、朝は五時頃から起きてやりました。がその間にやはり風邪を引きまして、咳が出たり、痰が出たり、涙が出たり、一日に鼻紙が山になる程になり

鼻紙　はなみずを拭く薄い紙。ティッシュペーパーが普及する以前に広く使われていた

ましたが、これが出るのが有難いのだ、咳が有難いのだ、涙が有難いのだと思っておりまして、一所懸命にやらせて戴きましたら、その働くという事が本当に有難くって、嬉しくって、お母さんが今まで一番嫌いだったといった私も今では本当に一番好きな子にならせて戴きまして、これも皆な谷口先生のお蔭だと思っております。

それから私の子供の事でございますが、私が生長の柱と思っておりましたその子が到頭昇天致しましたのです。それにつきましてもやはり私の我執でございまして、如何に自分では悟っておるようでございましてもやはり私には我が残っておったのでございます。そして色々苦しみました。あげくが、私の苦しみは子供の苦しみだということを悟らせて戴き、この子は神の子である、お父さんに召されて行くのだ、今まで自分が無理に引留めていたのだということを悟らせて戴きました。私の子供は八つでございますが、非常にこのお道の話を聴くのが好きでございまして、集会に参りま

我執　自分の考えや判断にとらわれて離れられないこと

お父さんに召されて行く　死別した父の元に昇天する

すと、皆様がびっくりなさいます程温和しく聴いておりました。時折この子はちょっと熱があるなと思って私が心配しますと「お母ちゃん熱なんか少しもないよ、神の子だもの」と却って子供に教えられるような始末でございまして、それだけに私の心境そのまま映してくれていたのでございます。それで、二月八日の夜も私が一切の執着を断ち切りまして「どうか安らかにお父さんのもとへ行って下さい」と心でお祈りした時、子供はにっこり笑って昇天させて戴きました。私は子供をこんな気持で、こんな有難い気持で見送らせて戴くとは夢にも思っておりませんでした。もう本当に、腺病質でございますので、この子を取られたら私はどうしようかと、そればかりが苦の種でしたが、お蔭さまで昇天致しました時には涙一滴こぼしませんでした。何も御存じのない方は、却って御不審にお思いになったかもわかりませんが、本当に安らかににっこり笑って昇天致しましたのでどうしても泣けませんでした。そのためになんだか体裁が悪いような気が致しました。そ

腺病質 貧血ぎみで神経質な虚弱な体質の俗称。現在はほとんど用いられない語

れにつけても、考えてみますと、私が喀血をしたこと子供が昇天をしたといいますことも、皆私の魂の幸福のために、神様の思召しによるものだと思います。そして、私一家はこの光明の中に救われ、ただ感謝感謝で毎日暮させて戴いております。（大阪市東成区深江町中六丁目八）

花咲き実を結ぶ教育

渡辺英三郎

頭注版㊱一五九頁

私は数々のお蔭を戴いていささか不思議に思うくらいなのであります。昭和十一年の十月ふとした縁にて『生命の實相』を戴き、無限の有難さのうちに読ませて戴き、十二年六月から生長の家の誌友に入れて戴きました。この間、現象界に現れた数々の利益はとても挙げ尽すことは出来ないと思いますが、その万分の一を申上げ感謝の言葉といたしたいのであります。

第一に私の子供、長男は尋常二年、次男は一年、三男は四歳、次女は一歳の四人の子福者です。この子供が皆達者で風邪さえひかないようです。運動も上手でスキー発祥地高田ですが長男は高田師範の附属では一等、市内五ヵ校競技には三等になりました。次男もスキーの点に於ては兄に劣りませんから、今年の冬雪の降るのが待遠しい程です。これがまあ昨年四月二十九日の天長節に、三人の男の子一度に入院しわけの判らぬ熱に悩まされていた虚弱な子供だとどうして思われましょう。その以前は毎日毎日どの子か医者にかかっていない時がなかったとどうして思われましょう。ああ有難い。そこに極楽の世界があるのでしょうねえ。それがどの子も頭が良く成績が良いのであります。学校は師範の附属ですから生徒の家庭は皆よく、連隊長の子、将校の子、師範学校長の子、教頭の子、中学校長の子、主事の子、皆奥さんが家にいられて予習復習至れり尽せりの家庭の子弟です。私は農学校にいて舎監をやらせて戴いているので、三日目には宿直で

尋常　尋常小学校。明治十九年に設置された満六歳以上の児童に初等教育を行った義務教育の小学校。修業年限は当初四年、明治四十年からは六年となった

子福者　たくさんの子供に恵まれて幸福な人

達者　健康で丈夫なこと

スキー発祥地　明治四十四年にオーストリアの陸軍少佐レルヒが高田で青年将校十数名にスキー技術を教えたのが最初とされる

高田師範　明治三十二年に新潟県第二師範学校として開校。新潟大学教育学部高田分校となり、昭和五十七年廃校。附属学校は上越教育大学に引き継がれた

将校　戦闘を指揮する立場の少尉以上の階級の軍人

主事　中心となって事務を扱う人

す。妻は小学校の先生ですから毎日日が暮れねば帰りません。家庭で文字一つ教える余裕さえないのですが、私は長男が入学した時、他の家と異うから、中の成績をとれば充分だといっていました。けれども、心の裡では必ず良い成績だろう、必ず一番だろうと思っていました。昨年第一学期には点はつけてくれませんでしたが、能力検査の評語を貰って来ましたが、読方が上、数の観念が上、といったように大部分上ですね。一学期風邪で入院して一月休みましたのがこの成績ですから、まあよし、十番以内には入るだろうと思っていましたところが、二学期には点をつけてくれて平均八点九分、七番です。これは少し出来が悪かったと思いましたが、言葉の霊力で、これは実に良い成績だ、感心したと賞めておいたところが、三学期には平均九点三分に昇りました。学年平均九点一分、四番です。私は非常に喜んで、日暮れの町を、子供の賞状を入れる額を買いに走りました。その時の所感を拙い歌に托してみました。

農学校　旧制の実業学校の一つ
舎監　寄宿生を指導監督する人
宿直　宿泊して夜の当番をすること
評語　成績や性向などの評定を表す言葉
読方　旧制小学校の国語教育で読解力や鑑賞能力の育成を図る分野
言葉の霊力　言葉が発せられるとその内容が実現するという、言葉に宿る不可思議な力
所感　心に感じたことがら
拙い　へたな

父と母と勤めにいでて居らぬ間に子は学びしや賞をいただきぬ

賞状を入れてやらむと暮れせまる町に走りて額ぶちを買う

今長男は二年生、次男は一年です。その次男は入学当初から今迄算術も読方も図画も手工も三つ丸ばかりでたった一つ二つ丸を貰って来ました。「三角貰った者はあるか」「あるよ」「一つ丸の者はあるか」「たくさんあるよ」「四つ丸の者はあるか」「知らぬ」というのです。どうも三つ丸が最上のようです。それで七月二十日に成績を渡されて、見ると能力検査はほとんど上で、ただ唱歌が中です。「おやおやこれじゃ一番か二番だよ。前よりも良いよ。兄貴負けるな」と賞めてやりました。長男は少し下って八点九分です。一学期は辛いのが常ですから、五番以上にはなっているでしょうが、書方が七点ですから紙と墨と筆を買って与えておきました。奥さんが附き切りの家庭の良い子供の中だから、私の今の子供の成績は申分ないと思い、子供の実相に毎日合掌礼拝いたしております。これ偏に、谷口教育学「人

算術　旧制の小学校における教科名。算数

手工　旧制小学校の教科名。工作

二つ丸　二重丸

唱歌　旧制小学校の教科名。音楽

書方　旧制小学校の教科名。習字

「人を作る教育」　本書一一八頁の同名の書名をふまえた語

を作る教育」のお蔭であると信じ、衷心より厚く御礼申上げる次第であります。

次に私は学校の先生であるから、学術の研究という事は私の生命であります。それで私の履歴をちょっと申上げますと、やはり高田師範を出て中等教育の国語と漢文を合格して、今農学校で国漢の教師です。国語は卒業後五年目に合格しまして、それも志を立ててから二年に満たないうちに合格しましたから、同級で高等師範に進んだものはまだ在学中でした。同級百人中私が一番向上しましたので、大いに祝杯を挙げたのであります。一升の酒を玉葱と味噌だけでペロリと平げ、自転車で長岡まで数里の路を遊びに行った覚えがあります。その結果が原因となって私は肺病となって異郷の地に泣いていました。そして父母の国に帰り一年は病褥、半年は散歩、半年は温泉めぐりとやって、ようやく復職した次第でした。病後辛い思いをして漢文を合格し、さて高等教員の漢文となると、なかなかむつ

衷心より　心の底から
学術　学問と技芸
中等教育　旧制高等学校等への進学を目指した男子の普通教育課程
国漢　国語と漢文の二つの教科
高等師範　旧制で中等学校の教員を養成した官立学校
一升　約一・八リットル
異郷　よその土地
病褥　病床

かしいのであります。『詩経』『書経』『易経』、独学では少し骨かも知れません。私は長いこと『詩経』を開いては閉じ書いては破りしていて一向進みませんでした。それがどうでしょう。十一年十月『生命の實相』を頂きまして熱心に拝読、今までとても読めなかった『詩経』を繙くとすらすらと読めるではありませんか。半年の間に三回精読いたしました。その後、『書経』を三回、『礼記』を三回、残るは『易経』だけですが、これは第二学期にやる予定です。けれど面白いことに『易経』に入ろうとした時、神想観を始めたのです。柏崎の新田潔君を訪ねて要領を習い『生命の實相』第四巻により日夜独習いたしましたところが、詩も、書も、礼も、易も要らぬ事になりました。考えるに、私がこれらを読む事は教員としての生命を充実し延長する考えなのでしょうが、否、凡百の経文よりそれよりもこれです、神想観です、『生命の實相』の把握であります。安心立命であります。私は今これを獲つつあるのでありまして、この安楽浄土に住していますの

『詩経』　儒教の主要文献である四書五経の一つ。中国最古の詩集

『書経』　五経の一つ。史官の記録に由来する中国最古の文献。『詩経』と並び称される

『易経』　五経の一つ。中国古代の占筮（せんぜい）の書

骨　面倒。苦労

『礼記』　五経の一つ。戦国から前漢初期までの礼（れい）の規定やその精神を雑記した書物。そのうちの「大学」と「中庸」は抜き出されて四書の一部となっている

詩・書・礼・易　『詩経』『書経』『礼記』『易経』の略

凡百　いろいろのもの。数々

経文　お経の言葉

安心立命　天命にまかせてあれこれ迷わぬ境地

で、人間が人間を試す試験など興味がなくなったのでありましょう。

教員としての生命、私は満十九年教員生活をして来ましたが『生命の實相』のお蔭によりまして空前絶後の効果を挙げたのであります。私の教員としての花が咲き実が結んだのでありました。私は検定出ですから、校長にもなれないし、教頭にもなれないのでありますが、今や生徒を鼓舞し校風刷新する点に於ては舜何人ぞ、湯何人ぞ、千万人と雖も吾れ往かん哉の意気であるのであります。ちょっとその始末を述べさせて頂きます。

私は昭和六年に当農学校に赴任致しまして、七年の四月一年の級主任となり、持上りで今年三月五年生を卒業させました。学校は尋卒が五年制に入り高卒が三年制に入り、今年は五年制四十六名三年制四十五名卒業したのであります。それでこの、今年の卒業生というのが空前絶後の成績をあげてくれたので、私の花である『生命の實相』の実が結んだというのであります。

空前絶後　過去にも例がなく、後にも起こりそうもないさま

検定出　旧制の師範学校や大学を卒業せずに検定で教員免許状を授与された者

鼓舞　気持ちが奮い立つよう励ますこと

舜何人ぞ　『孟子』「滕文公上」にある孔子の最愛の弟子顔回(顔淵)の言葉。聖人と言われる舜王も同じ人間ではないか、大志を抱いて励むなら舜のような人物になれるぞ、の意

湯何人ぞ　殷王朝初代の王である湯王(とうおう)も同じ人間ではないか

千万人と…往かん哉　『孟子』「公孫丑上」にある言葉。千万人の反対があっても恐れずに進もう

始末　事の次第

尋卒　尋常小学校を卒業した者

私が『生命の實相』拝読前の昨年の卒業生は実に悪かったのです。それを私が最上級の担任となり、十月から生命の実相式にやりその前既に四月から叱る教育ではない讃める教育を施していたのですが、校長さん始め諸先生から「今年の五年はよいよい」と常にいわれ、私も心から讃め感謝しました。角力は上越で優勝する、スキーは全国で優勝する、剣道は空前の良い点をとる、良いから讃める、讃められるから良くなる。さて就職率は前古未曾有の成績で、昨年一人も満洲に行かないのが十人行きました。その他青年学校技術員に羽が生えて飛ぶような就職率で、師範の二部入学試験には十年この方ない堂々中学優等生を破って入学するし、中学生でも難とする士官学校にも入学する、校長も非常な喜び方です。処罰者は一人も出しませんでした。これが私の教員生活の花でなくて何でしょう。「生命の実相」の教育でなくて何でしょう。誠に有難いことです。お蔭で私はまだ昇給する年数に満たないけれど、一級上げて戴きました。そして奏任待

高卒　旧制の高等小学校を卒業した者。高等小学校は尋常小学校修了後、さらに二年間学ぶ学校

前古未曾有　一度も例のない珍しいさま

満洲　中国大陸の東北地方一帯。昭和七年、日本はこの地に、五族共和（満洲族・漢族・モンゴル族・ウイグル族・チベット族）を理念として満洲国を建国した

青年学校　昭和十年に青年学校令によって設置された勤労青年のための中等教育程度の定時制の学校。職業教育や軍事教育を施した。昭和二十二年に廃止

士官学校　陸軍士官学校の略。明治七年に東京市市ヶ谷に設置。大日本帝国陸軍の士官（将校）を養成した。士官は、戦闘を指揮する立場の少尉以上の階級の軍人。昭和二十年廃止

遇にして下さるというお話でしたが、大学出の雲の如くいる学校で私如き検定がそう上になっては悪いと思いましたので、辞退しようと思っている次第です。家庭教育、学校教育に対して谷口先生の著書『人を作る教育』が一番良い。それを実現しつつあるのです。

それから、もう一つ非常に先生方から悟らせて頂きましたことを只今お礼の為に述べさせて頂きます。長くなりますから、要点だけをはっきり申上げて、実に有難かったという事を申上げたいと思います。それは、自分が神の子の自覚をはっきり得させて頂いた有難さを述べたいと思います。

本部の講習を受けて二日目だったと思いますが、私がまだ『生命の實相』を読んだばかりで生長の家の家族にならぬ中からお蔭を頂いている二つの点をお礼申上げて、最後に自分には悩みがあって、その悩みというものは神想観によって解決出来ると思いますがどうぞその点を御指導して頂きたいと思うとこういう事をお願いしたのであります。すると、谷口先生が

奏任待遇　奏任官ではないが奏任官と同等の待遇を受ける者。奏任官は、内閣総理大臣が奏上して、天皇が任命する高等官

『人を作る教育』　昭和十一年九月、光明思想普及会発行の単行本。昭和十二年七月、黒布表紙版『生命の實相』第十三巻「教育実践篇」として同じ内容で発行。本全集では第三十九〜四十一巻

生長の家の家族　生長の家の教えを信奉する信徒を親愛を込めて言った言葉

「あなたの悩みは何ですか」といわれたのであります。私の悩みは家庭の不和で、妻と仲が悪いという事を申上げたのであります。そうすると先生が「奥さんと仲が悪かったら、仲よくしたらいいでしょう」と、こう被仰った。その言葉はまあ、実に乱暴な言葉であるかも知れません。しかしながら私はその先生のお言葉――「奥さんと仲が悪かったら、仲をよくしたら良いでしょう」仲をよくしたら良いでしょう、そのお言葉は、私の頭から足の指の先までズーンとひびき渡り、ああそうだった、仲を良くすれば良いのだ、忽然として私は悟りました。私は理窟なしに、そうだ私は和解しようと決心しまして、本部の道場に於て誰もいない時、私一人で妻に和解の手紙を書きました。

「われ今極楽浄土なるこの道場にいてお前に手紙を書く。神とも仏とも尊き先生よりのお告げが今こそあったのである。仲が悪かったら仲を良くするのだ。この言葉を平凡と思うな。俺は今飛びたつばかりに嬉しいのだ。とても俺一人では喜びきれない。この頃お前に渡さなかった月給袋を以後永遠に無限にお前に渡す。七月の月給は貯金帳にある。二百円カバンの中に入れておいたから月末支払をしてくれ、お婆さんとは同居しよう。早くお婆さんにそういってくれ。俺からも手紙を出した」という意味のものであります。

これで妻とは和解が出来ましたが、まだお婆さんとは出来ませんでした。昨年五月十一日に養父が死なれ、十月に養母が来られ一月三日に帰られました。その間毎日のように心の争いをしていたのであります。私とお婆さんの争いは何であるか、言葉の悪用であります。私は婿に入ってから十五年、中学にいた時××人という綽名がつきました。そしたら「チョウ」とか「チョウチン」とかでチョウという音で私を苦しめました。今は農学校で、味噌玉、団子などいう綽名がついています。そこで、ミソミソといわれるのです。今は私も負けていない、お婆さんにカケという綽名をつけてや

二百円　現在の約四十万円～六十万円に相当する

りました。未亡人は虧け者であるからであります。私は学校で綽名をいわれてもたいして苦にしません。同僚にいわれても苦にしません。妻は決していいません。いっても何ともありません。ところが養父養母にいわれると腹が立つのであります。この点を昨日野村講師に申上げ、如何にしたら好いか教えをうけたのであります。お教えは要するに『甘露の法雨』を誦んで仏と一体になり、如何なる悪言にも侵されない、金剛不壊になるのであります。「耳にしたがう」孔子のお言葉をあげて説明して下さいました。何をきいても腹が立たなくならねばならぬ。私は有難く戴きました。これより先誌友会に於て横山講師より感謝行のお話を承りました。何でも有難い、心に思うのみならず、口にいう。ミソ玉、有難い。団子、有難い。「チョウチン」有難い。馬鹿、有難い。私は直ちに実行しました。電車の中で人が私の足を踏んだのであります。痛い、有難いと思わずいったのであります。有難い、有難い、有難い。ああこれは私の仏性も出し、人の仏性も出す言葉

未亡人　夫と死別した女性。寡婦。後家

虧け者　ここでは、夫婦の一方が欠けて二人そろわない人

金剛不壊　「金剛」はダイヤモンド。非常に堅固でどんなものにも壊されないこと

「耳にしたがう」　『論語』「為政」にある「六十にして耳順う」より。六十歳で他人の意見に素直に耳を傾けられるようになったと孔子が自己を回顧した言葉

であるな。ここだ、ここだ。九月からお婆さんと同居しても、少しも恐れることはない。綽名、あてつけ、それがそのまま有難いことになるのです。谷口先生が「仲が悪かったら仲よくしなさい」といわれたお言葉は、これは神の言葉であると信じます。そうして、その神の言葉を実行した時、神に通じた気持になれる、即ちそれは神の子であると思うのであります。かく実行する実行の一つ一つに、神の子であるという自覚を深める事が出来ました。篤く御礼申上げます。（新潟県高田市西城町三ノ一二）

『實相』拝読十万頁・業病消ゆ

多田方久

私は神戸の灘で生活致しておる者でありまして、谷口先生のお生れになりました烏原村を上にながめて、朝な夕な谷口先生の御高徳をしたい、無限の感謝の中に生活させて戴いている者であります。

頭注版㊱一六八頁

『實相』『生命の實相』の略

業病 前世の悪業の報いとされる治りにくい病気

灘 兵庫県南東部、大阪湾北岸の武庫川河口から旧生田川河口にかけての地域名

烏原村 現在の神戸市兵庫区にあった村。明治三十七年にダム建設にあたり水没し、住民は村を離れた。本全集第三十一巻「自伝篇」上巻参照

もっとも生れは高知県の、あの日本八景たる室戸岬であります。

私の過去は実に数奇な運命の手に操れて来たのであります。或る時は兄に、芋畠で鍬を頭にたたきこまれて死に瀕した事もあり、又大津波に遭って全村ほとんど全滅に瀕した時、私はその津波にさらわれつつもふうわりと、わらの上に乗っていて助かった事もあり、又全速力で走って来る自動車に真正面から突当って全身を強打され、五、六間先へとばされた事も二、三度ありましたが、身体に微傷だも負わなかったのであります。実に私は不可知な救いの手にいつも護られて来たのであります。

私の幼き頃は、私の家は村でも相当な暮しをしていたそうでありますが、私の物心つく頃には、一家はその日の糧にも困るような悲惨な状態に置かれておりました。私達兄弟はよく大根をかじりながら、飢をしのいだ事もあります。

よく、母が金の苦面に襖の蔭で涙ぐんでいる姿を眺めて子供心にも非常

室戸岬 高知県の南東端の岬

数奇 運命にさまざまな波乱があること

五、六間 約九～一〇メートル

だも …すらも

不可知 人知では知ることのできないこと

糧 食糧。食物

苦面 工面。必要な金銭などを工夫して集めること。算段

にさびしさを味った事があります。そして父と母はよく争いをいたしておりましたが、その時など兄弟どうなる事かとおどおどしながら抱き合って泣いた事もあります。

そこで私は、そうだ、この母を扶ける事が出来るならば、この母を幸福にする事が出来るならばと考えまして、小学校五年の頃から、農家に雇われながら、せっせと母の手助けをして参りました。わずか二十銭か三十銭かの労銀がその日の一家の糧となり、又母の喜ぶ顔を見て、そして母が風呂敷を持ち出してその私の得た金で、二升か三升かのお米をいそいそと買いに行くその母の後姿を、ふし拝みながら、つい思い余って、野原に出て一人で泣いた事も幾度かありました。

かくして私は小学校を無事卒業すると同時に某会社の重役の御世話で単身大阪に出て参りまして、昼は職をとりながら夜は商業学校の夜学に通ったのであります。朝は四時半頃から起き出て、そして、一日肉体的に疲労

二十銭 現在の約四百～六百円に相当する

三十銭 現在の約六百～九百円に相当する

労銀 労働によって受ける賃金

二升か三升 二〇合か三〇合。約三・六～五・四リットル

商業学校 旧制の実業学校の一つ。商業教育を専門に施した中等教育の学校

夜学 夜間に授業を行う教育機関

しきった身体を六時から十時迄の夜学に通って灘の自分の部屋に帰るのが十二時過ぎでありました。幾度か灘の駅から山の手に向って行く道で倒れた事もあります。そして御飯をいただき床に就くのが一時でした。しかしこの生活も前途に希望を持つ私には、さしての苦痛とも感じられなかったのであります。しかしここに、神は私に更に一層重大な試煉を御与え下さったのであります。それは或る恐ろしい不治の病に取りつかれた事でした。その頃某誌の五月号に或る恐るべき病気の事が書いてありました。思わずその記事を読んでいた私は、その病状の一ヵ条がはたと私の胸に思い当ったのであります。このような馬鹿な事があるか、自分の家は現代で十五代も続いた家柄ではないか、このような病気の血統の家と異うと強く強く否定致しましたが、子供心の浅はかさ、それをあまりにも強く恐怖した為かやがて二週間後には完全に私の肉体にその病状が現れ始めておりました。ここに生長の家で説く病気の起る原因を私ははっきりと教えられ、病気本来無い、

山の手　都会で高台にある町。多くは住宅地

さしての　それほどの。たいした

試煉　信仰や決心の固さなどを厳しく試すこと

不治　病気が治らないこと

それは吾々の恐怖心に依って心にそれをえがき、非実在の病も実在の如き姿を以て現れるという心の法則を私は身をもって体験したのであります。

その時の驚き、その時の悲しみはどんなだったでしょう。全世界が一時に闇の夜と変りました。真暗な千丈の谷底にたたきつけられたような悲哀と悲しみでありました。だんだん病気が悪くなって参りまして、その肉体の苦痛にたえかねて、私は畳に身体をたたきつけて慟哭し続けたのであります。

されど働かざれば喰うべからず、私は己のむしばまれて行く肉体に鞭うち鞭うち働き続けました。そして夜は夜で学校へも通い続けました。アスファルトの上をかつかつと勇ましく歩いて行く友の姿を眺めて己の不遇に幾度か涙した事もありました。教場で皆熱心に先生の講義に聴き入っている友の姿を見るにつけても、自分は何の為の勉強ぞ、何の為の学問ぞ、死んで行くこの自分に、この講義は何の役に立つだろう、そのような事を考えて思わず不覚の涙にくれるのでした。幾度か死を決意した事もあります。しかし

千丈　約三千メートル。非常に長いこと。谷がきわめて深いこと

慟哭　大声をあげて泣くこと。号泣すること

不覚　知らず知らず

その都度思い出されるのは、故郷に残した老いた父や母の姿だったのであります。錦を着て帰るであろう我子の姿を、一日も早かれと祈る父や母の姿を思い浮べる時、私は死ぬる事も出来なかったのであります。

かくして進退ここにきわまった時、あたかも昭和十年七月、今高知支部をせられておられます島村巨兄先生が慢性胃腸病の為に所々ほうぼうの温泉療法を重ねられ何等の効果を収め得ず困っておられた時、東京に参り谷口先生の膝下にはせ参ずるや吾れ神の子仏の子の自覚を得ると同時に、さしも医薬も、如何なる法を以てしても治し得なかった胃腸病を征服されて喜び勇んで故郷高知に帰られる途中、私の店にも寄られて一場の生長の家の話をされて帰られたのであります。ここに於て私は初めて生長の家の存在を知らされ、自分の救われるのはこれを措いて他に絶対にないと深く深く信ずるに至ったのであります。

しかしその時の私の経済にとりましては十五円という多額な金をかけて

錦を着て帰る　立身出世して故郷に帰る

進退きわまる　四書五経の一書『詩経』にある「進退維谷（しんたいこれきわまる）」より。谷に追い込まれた時のように、進むことも退くこともできず窮地に陥ること

はせ参ずる　大急ぎで行くこと

さしも　あれほど

一場　演説・講演など、話のひとまとまり

措いて　…以外に。…のほかに

十五円　現在の約三万～四万五千円に相当する

薬を服んでおりました為聖典を購う金も無く、思案にくれて高知の島村先生に御手紙を出し、先生に事情を話して御願いしました。ところが島村先生から折返し御手紙が参り、君がそのように苦しんでいるという事は知らなかった、今『生命の實相』六冊を送るから、これを読んで人間神の子仏の子の本当の実相に徹してくれよとの、やさしい御手紙であったのであります。かくして待つ事五日、昭和十年八月の五日に私はその『生命の實相』六冊を手にしたのであります。先ず巻頭の「汝等天地一切のものと和解せよ」との神示に胸おどらせながら読むに従って、人間神の子仏の子であり、吾々の本体は金剛不壊のものであり罪悪深重の凡夫は無いという事が谷口先生の遠大な筆に依って書かれてあったのであります。嗚呼そうであったのか、自分は神の子であったのか、仏の子であったのか、肉体は本来無かったのか、病は無かった、嗚呼今迄罪の観念に泣き罪悪の観念に泣き業縁に泣きぬれていた私は初めて、神の子仏の子の法悦の涙に変って行ったのであります。かく

聖典　ここでは『生命の實相』全集を指す
購う　買い求める
思案にくれる　どうしたらよいか考えがまとまらないこと
罪悪深重の凡夫　罪深く、迷いの中にいる人。親鸞の教えを記した『歎異鈔』にある言葉
遠大　計画の規模や志などが、将来まで見通して大きいさま
業縁　仏教語。苦楽の報いを招く原因
法悦　真理に触れて心に生ずる喜び

して読後二週間には現代で如何なる方法を用いても、絶対に治し得ぬといわれた病魔が私の肉体から消えて無くなってしまったのでした。

嗚呼この喜び感激は如何ばかりでしたでしょう。天にも昇る喜びでした。私の一生を通じても再び味い得ぬ喜びと感謝でした。

前にも申しましたとおり私は一日寸暇の無き身体でしたが、社に通う電車の往復、登校の電車の中で、与えられたわずかの時間に私は夢中になって『生命の實相』に読みふけりました。こうしてその回数二百回に及びその頁数十万頁になんなんとしております。これ実に私の力の至すところならず、『生命の實相』が聖書であり、神書であり、仏典であったればこそであります。

私は今無限の感謝の中に谷口先生の「一人救われたらその福音を十人に伝えよ」との「智慧の言葉」に従って、真理と共に立ったのであります。働きながら勉強しながら生長の家の真理の伝えに夜も昼も無き有様でありま

寸暇　わずかな暇

なんなんとする　今にもなろうとする

聖書　ユダヤ教とキリスト教の聖典。ユダヤ教は『旧約聖書』、キリスト教は『旧約・新約聖書』が聖典

仏典　仏教の経典

福音　喜ばしい知らせ

す。その使命や重且大なるものを痛感致します。しかも非常時日本の青年として……嗚呼私は今更の如く神の摂理の尊さに頭が下ります。今後も及ばずながら御道の為に働かせていただきます。

（神戸市灘区備後町四ノ三四・森山方）

脊椎カリエス去る

岡田敏之

私は元来小さい時から、非常に身体が弱かったので中学校の一年生の時でした、京都の大学病院へ行って健康診断を受けたのでありますが「あなたの身体はどことどこが悪いといって上げたいけれども、そんなことはいえない。反対にどこもいい所が一つも無い」といわれた位に、身体じゅう全体に故障があったそうでございました。つまり小学校二年生の時には肺炎、肋膜をやりまして、小学校を一年遅れたのであります。それから二年

重且大　「重大」を強調して言った語

摂理　神の善きはからい

頭注版㊱一七三頁

岡田敏之　この体験談の話者が河田亮太郎の訪問を受けた話は本全集第五十七巻「幸福生活篇」第一章四七頁及び『生命の教育』誌昭和十二年九月号にも掲載されている

後に心悸亢進が起りまして、それに悩まされ、とうとうまた二年学校を遅れてしまったのであります。それで都合計三年おくれたのです。しかしその後しばらく小康を得まして甲陽中学校に入学し、幸い五年生の一学期まで進んだのでありますが、一学期の五月頃のことでした。ある日、風邪を引いて少し熱が出た。背中の両側が痛い。けれども痛いと思い出すと、とても痛くなって一晩中眠ることが出来ず、しかし夜半にお医者を招ぶわけにもゆかず、翌る日までとうとう我慢して、先生に診てもらいましたら筋肉リューマチだろうということになって、注射をうけたのです。そして色々温めてもみましたが、一向痛みは快くならない、そのうちに熱が四十度から四十一、二度に昇り、それが続きまして腸チフスの疑いがあるというので検査したのですが、腸チフスではなかったのであります。そののちあまり容態が変なので、伏見の親類の伯父さんや、その他五、六人の博士に診てもらったのですが、これは脊椎カリエスだろうということになったのでありま

心悸亢進　心臓の拍動数が異常に増えること

小康　病気が少しよい状態になること

甲陽中学校　大正六年に伊賀駒吉郎が私立甲陽中学として創立。現在の甲陽学院中学校・高等学校の前身。著者は創立者の伊賀駒吉郎の著書の読後感を本全集第四十巻「教育実践篇」中巻三四頁に記している

筋肉リューマチ　筋肉が硬直し、腫れ・疼痛・熱などを発する疾患

腸チフス　水や食物に混入した腸チフス菌によって起こる消化器系感染症。感染症予防法の三類感染症の一つ

す。そしてその頃から病気がひどくなるばかりで、その時の痛みといいますと、胸の筋肉が肋骨から引離されて、バリバリ引裂かれるような痛みで、非常に困りました。そのため、その頃治っておりました心悸亢進が、またやって参りまして、夜もおちおちと禄に眠れず、このまま死んでしまうのではなかろうかと思う程苦しかったのであります。ひどくなる度にカンフル注射を何本も打って誤魔化すが、ちっとも快くならない。

その頃御近所に工藤さんと被仰る誌友の方がございまして、私が病気で悪いというので、非常に御同情下さったのであります。そして『生命の實相』を読みなさいといって貸して下さったのですけれども、どうも本を読んで病気が治るというような馬鹿なことはないと思って、読む気にもならなかったし、父も母も信仰などは大嫌いな方で読もうともせず、そして病気の方は益々悪くなる一方でした。しかし妹が私が病気だということを学校の作文か何かに書いた。そうすると、それが私の習った恩師の魚住先生に聞え

カンフル kamfer オランダ語。病人の心臓の働きを強める医薬品

て、それは可哀そうだというので、私を見舞に来て下さいました。

ところが魚住先生も『生長の家』の誌友になっておられまして「これは可哀そうだ、このまま捨てておいては駄目だ。鳴尾に好い先生があるから、その先生に来て戴いて話をしてもらって上げよう。そうしたら完全にすぐ治る」といって下さった。父も母も、そんなことは迷信だと思っていたのですが、それでも御恩ある先生が被仰るのですから、いけないと断るわけにも行かず、医者は到底駄目だと全部見放しているので仕方がないから来て戴く事にしたのです。ちょうど七月の三日頃ですが、その先生は大阪の講習会の最初に体験談を発表になった鳴尾の青年団長河田亮太郎先生でございます。懇々と真理を四時間あまりに亙って聴かして戴いたのであります。まず「あなたは病気に甘えている。自分が、こうして病気になって寝ておったら、うち中の人が皆な同情して、あなたのいう通りになってくれると思っている。あなたは病気に甘えている。あなたは自分自身で、人の同情とか興

鳴尾　現在の兵庫県西宮市にあった村

河田亮太郎先生　明治四十～平成七年。兵庫県生まれ。生長の家長老。著書に『ほとばしる生命』がある。本全集第五十七巻「幸福生活篇」第一章四七頁参照

懇々と　心をこめて丁寧に説くさま

味を惹きつけようとして勝手に病気を作っているのです。こんなに親を心配さして親不孝だ」といって大変叱られました。それから今度は向き直って、私はその時ギプス・ベットに入って寝ていたのですが「あんた、それは何ですか」「これはギプス・ベットです」「なぜ、そんなものに入っているのです。あんたは人間ですか」「ハア、人間です」「人間なら、何も亀の子みたいに、そんなギプスを背中に背負っている必要はないじゃないか」といわれ、「早速出なさい、出なさい」といわれましたが、その目も眩みそうな筋肉の神経痛が再発するかも知れんと思い、恐ろしくてとても出る気はなかったのです。しかし「出よ出よ」といわれるのです。「あんたは、どうせ死んでしまうのですから、そんな所に入っていても仕方がない。出たら或は治るかも知れんが、出なかったら駄目だ」出たら痛くなりはせんか、背中が曲るかも知れんと思ったが、あんまりいわれるし、母も悪いと思ったか「出なさい、出なさい」と二人で仰向けに寝ている私をごろんと転がされて、背中

ギプス・ベット Gipsbett ドイツ語。脊椎の疾患で安静や矯正のために、患者の寝た姿勢に合わせて石膏で形を作った病床

を診て戴いたのであります。背中に大きな脊椎カリエスの膿がたまっていて、この膿をどうしようかとお医者さん達でも問題になっていた。今切ったらあまり衰弱が激しいし、もう少し衰弱が治った時に切るとしても、この膿が一年も二年もボトボト流れ出るか、完全に治るか、それは判らんのです。その膿のある背中を見て、「こんなものは、すぐ治る」といって『甘露の法雨』を誦げて下され、神想観をして下さって、その夜は帰られました。「あしたの朝には、きっとこんなもの位無くなる」と強い強い自信のある調子でいって帰って行かれました。私は何ともいわれない気持です。皆な誰でも「死ぬんだ、死ぬんだ」といわれましたが、河田先生だけは「死ぬかも知れんけれども、或は助かるかも知れん」と被仰って下さいました。私は、どうせ駄目だと思っていたのですが、それでもやっぱり、このまま死ぬと思うと、とても死の恐怖があってたまらないのでした。

　で、そのあくる朝になって背中はどうなっているかといって私のからだを転がしてみたのです。そしたら「アッ膿が無くなっている！」と母がいうのです。「お父さん、起きて下さい、来て御覧なさい」といって家じゅうのものが見たのですけれども、完全に膿が無くなってしまったのです。それからすぐお医者様に来て診てもらったのですが「どうしたんだろう？」それでも背中をあっち、こっち、ひっくり返してみたが「どうしたんだろう、不思議だ。誤診だったかも知れん」なんかといっておりました。それからだんだん快くなったのですけれども、その時父が非常に有難がって、「妙なこともあるもんだ、やはり神も仏も在られるのだ！」と感激しまして、一応写真に撮っとけといって、無理矢理に撮らされた写真があるのでございますが、それを御覧になりましたら、私がその頃、どんなに悩み、憔悴しておったかということがお判りになるのでございます。本当に有難うございました。

（兵庫県西宮市今津字網引一八）

憔悴　疲労や心労でやつれること。病気などでやせ衰えること

無限供給の有難さ

山上新太郎

頭注版㊱一七八頁

私が最初信仰に入れて戴きましたのは、やはり一人の子供が病気しまして、それからこういうふうな道に入れて戴いたのですが、その子供は、今回の講習会で写真のお手伝をさして戴いて、ああいうふうに、でっぷり肥えまして、家内中達者に、揃って健康に恵まれておるのであります。それから経済的にも非常に恵まれ、また精神的にも恵まれ、これこそ本当に私は地上は、天国だ、生長の家のお蔭だと思って、毎日感謝しておるのでございます。

私の日常生活は、朝五時に起きまして顔を洗って髭を剃りましてから、まず自分の家にお祀りしてある神様に御礼を申して、三町程上の坂を登りまして、氏神様にお詣りして、後を向くと、ちょうどお陽様が将に昇らんと

三町 約三二七メートル。一町は約一〇九メートル

氏神様 村落などが共通の守護神としてまつる神

するところでございます。伊勢の方に向って天照大御神様に向って御礼を申し、皇居を遥拝して帰って御飯を戴いて、それから店へ八時までに参るのでございます。

そして店へ参りまして、八時から九時迄の間に、東京、横浜、名古屋、下関、そういうふうに電話をかけて、いつも連絡をとって、仕事をするのでございますが、ちょうど八時から九時までの間は電話が非常にすいておりまして、すぐ仕事が出来るのです。そして私が朝早く起きて、店へ出るということを、皆得意先の方が知っておられて、朝の時間を利用してどんどん電話がかかって来る。また電話料の節約も出来る。谷口先生のみ教えの通り、一年の計は元旦にあり、一日の計は朝にありという、朝の時間を活かせということを教えられておりますが、その朝の貴重な時間を活かしまして、私はそういうふうにして営業さして戴いておるのでありますが、それがため、することと、為すこととんとん拍子に行きまして、近頃では私が信仰に

伊勢　伊勢神宮を指す。神宮の内宮は皇祖神である天照大御神を祀る。外宮は豊受大御神を祀る

天照大御神様　『古事記』神話の最高神。皇室の祖先神。伊勢神宮に祀られ、国民崇敬の中心

遥拝　遠く離れた場所から拝むこと

一年の計は…、一日の計は…　物事は最初が大切であるという例え

とんとん拍子　ものごとが順調に進むこと

入りましてから、商売がどんどん繁昌致しまして、本当に十倍も十五倍も仕事が出来るようになって来たのでございます。そして店の従業員或は職工、仲仕まで殖えまして約三百人の人が私の下で、手足のように働いてくれておるのでございます。そして僅か資本金は五十万円の会社です。はじめは二十五万円でしたが、去年になってから五十万円に増資したのでございますが、五十万円の資本金で、去年は三十三万円の利益をあげさして戴きました。その利益の中から店員の優遇費とか諸経費を引きまして、税務署へ純益二十三万五千円届けた中から十二万円という税金を今年は払わしてもらう事にしておるのです。国家非常時の場合に、とにかく一所懸命に働いて、国家の為に税金をたくさん上げさして戴くということは、吾々国民としての本懐だろうと、私一所懸命にそういうふうにしてやらして戴いておるのでございますが、私の信念は、ただ「感謝の生活」以外には何もないのであります。

職工　職人。工員

仲仕　港などで、船の貨物をかついで運ぶ作業員

五十万円　現在の約十億〜十五億円に相当する

純益　総収益から総費用を差し引いた後の純粋の利益

本懐　かねてからの願い。本望

人間には道徳が三つございます。一つの道徳は、働かずに要求するという道徳、それから働いて要求するという普通の道徳、次が働いて要求せぬという最高道徳、この最高道徳によって、私らは働かしてもらっているのですが、こういうふうに有難い感謝の生活によって、自分が生かされておるのは、これは自分の力ではない。生長の家の『甘露の法雨』の最初に書いてあります招神歌の中に、

吾が生くるは吾が力ならず天地を貫きて生くる祖神のいのち
わが業はわが為すにあらず天地を貫きて生くる祖神のちから

この貴い先生のみ教えによりまして、自分が生きておるのではない、神様の御力によって生かされておるのだ、自分がやっている仕事は、自分がしておるのではない、神様にさしてもらっておるのであるという信念でやりますと、自分と内なる神様とが一体になって、こういう仕事をさしてもらうのであるから、都合好く行くという感じがしまして、不平不満も不足も何もなく

て、それから後は、とにかく店へ行けば、店の方々が有難い、倉へ行けば倉の従業員が一所懸命我を忘れてやって下さるのも有難い、職工さん達からも朝早くから晩遅くまで一所懸命にやってもらっている。その皆さんが——神の子、仏の子が一所懸命働いてくれている。自分が電気モーターの中心になっているけれども、たくさんの方に一所懸命にやってもらえる。これは実に有難い。二階に上って職工さんの仕事を見まして——大概自分は時間がありますと、一日に一回か二回は現場を見せてもらいに行くのですが、その二階から降りて帰って来るときには、感激に満ちて、「有難うございます、有難うございます」といって、一段一段、段梯を感謝の念をもって降りるのでございます。そういうふうに感謝の念のうちにこそ、私自身があるのでございますが、皆さんもその通り、とにかくこの世の中は感謝一つなのです。そして感謝して仕事をさして戴いたならば、本当の自分の姿が現れて来て神様と同じ仕事が出来る。神様のなさることに、決して悪いことは一つも

段梯　階段

ない。お金なんか不思議でならないほど儲かるものでございます。要するに感謝するから金の神様が皆喜んで私の方へ来て下さると思うのでございます。もうとにかくすること為すことが、うまく行きまして、大変結構であります。

そのまた金をどういうふうに使わしてもらうかといいますと、やはり会社のことですから、自分個人に幾分か戴きまして、それはなるべくいいことに使わしてもらっているのですが、そういう気持になると、今まで私は随分儲けた金をどういうことに使っておったかというと、毎晩のようにお茶屋遊びをしておったのです。失礼ですが一ヵ月のうち二十八日位、自分が働いて天から与えられるんだからと、勝手に考えまして、晩になったらお茶屋遊びをやっておりました。そうすると夜おそくお酒を飲んで翌る日起きてみますと、頭がボーッとして重い、煙草を吸っているから、頭がボーッとして朝早く起きられない。九時すぎて店へ行きますと、東京や下関へ電話を掛け

お茶屋遊び 酒食を供されて女性と遊ぶ場所であるお茶屋に行くこと

ても、昼からの三時ごろでないと、急報で申込んでもかからない。ようやくかかったら、いま売った、今買ったというあとで、逃げてしまっておったのです。ところが最近そうして感謝の生活をし、朝の時間を活かして仕事をさしてもらったら、それがもうすっかり、先んずれば人を制すという言葉がありますが、人様が手をつけないのが、みなこちらへ来るわけです。そういうふうになると、非常に有難い。自分がお蔭を戴いたことを、何か有益に使わしてもらおうと、始終考えているのでございますが、田舎なんかでは私が非常に金を儲けているという話があるようで、寄附なんか毎年のようにいって来るのですが、それを私は喜んでさしてもらっている。そしたら去年の二月十一日の紀元節が旧正月の元日だったと思います。その前の日に、私の母校の校長さんからちょっと帰ってもらいたいというのですが、その前に考えてみますと、私学校に十六ミリの映写機とピアノを有志と語らって贈ったわけです。すると母校の方から、その試演会と試写会をしたいから

先んずれば人を制す 『史記』「項羽本紀」にある言葉。他人よりも先に行えば、有利な立場に立てる

紀元節 明治五年に制定された祝祭日。初代神武天皇御即位の日を太陽暦に換算した二月十一日。終戦後に廃されたが昭和四十一年に「建国記念の日」となった

旧正月 旧暦（太陰暦）の正月。明治五年に太陽暦に移行したが各地に旧正月を祝う風習が残っている

十六ミリの映写機 十六ミリ幅のフィルムに記録された映像を映写する機械

有志 ある物事に関心をもち、やろうという気持ちがあること。また、その人々

語らう 誘って仲間にする。ここでは寄付をする仲間に入れる

帰ってくれというので、私は大した金でもないし、大手を振って帰るのは厚かましいと思いましたが、母校から帰ってくれというのは、お母さんがお乳を呑みに帰れというふうに招んで下さったように感じまして、私は嬉しくて仕方がないので、それから私は母の乳を呑みに帰って来たわけです。そうすると朝一番で帰りましたら、校長さん始めこの地方の有力者が皆な胴上げせんばかりに喜んでもらったわけです。そして、その映写機、ピアノに合して、可憐な子供さんが、本当に涙ぐましいような唱歌劇、少女劇、児童劇というふうに、お芝居をしてくれ、その後で教育映画の上演がありました。それから、私はちょっとこちらへ直ってくれというので直りましたところが、当時兵庫県知事の岡田周造閣下から感謝状を戴いたわけですが、そういうふうに、この有難いみ教えによって戴いたお金は、有意義なことだったら、幾らでも使わして戴くわけです。

それから後に故郷の方から、また火消ポンプが壊れたから拵えてくれとい

可憐　かわいらしいさま。愛らしいさま

直る　より上位の位置に移る

岡田周造閣下　明治十九～昭和五十八年。内務官僚、弁護士。兵庫県知事、東京府知事等を歴任。昭和四十二年、勲二等。昭和四十七年、紺綬褒章を受章

うので、私拵えてやりました。そしてそれに対する維持費というものは、私の村が経済的に困っていますので、私の名義になっています村の山を拓きまして、煙草を植えることにし、それで、百五十円収益が上るようになりました。それを私はその山全体を維持費として使ってもらいたいといい、それにお金を五百円足しまして機械を拵えたわけでございます。又、その前の年でした。村に公会堂を作るので、三千円の半分千五百円入ってくれないかといわれましたので、早速入りましたところが、合計四千円の金が集りまして、立派な公会堂が出来たのであります。そして、『新播磨』という新聞には、「立志伝中の人」などと私の写真まで出たわけでありますが、そういうふうに、有益に使った金は光っておるわけであります。

そして、そういうふうに私が総てのことをさしてもらうものですから、商売の方でも不思議に他さんは儲からん、電話を聴く度に不景気だという話を聴いていますが、私どもの方は、ちっともそういうことはないので、

百五十円　現在の約三十万～四十五万円に相当する

五百円　現在の約百万～百五十万円に相当する

立志伝　志を立てて努力し、成功した人の伝記

受け答えに困るようなわけであります。生長の家では悪い悪いといっていると悪いようになるのだという教えがありますから、成るべく申しませんが、「僕等儲かって仕様がない」というようなことは商売上申されませんので、答弁にいつも苦しんでおるので、「一所懸命やれば、キット儲かる」というと、「君はいつも天国みたいなことをいっているけれども実際儲からん。君があんまり勉強するから、吾々は一つも儲からん」大阪の同業者達が私の方が名古屋へ店を出すのを止めて来たので、二年間止めました。そして二年間待ちまして、去年の六月一日から開業したわけです。今度は東京の方へ私計画を立てているが、東京の人から早や防禦線を張って、「あれだけは堪忍してくれ」といって来ていますが、何とか調和の途がないかと考えているわけでございます。

こうして私は総て感謝に満ちています。皆さんとの調和を図り、総ての人と調和が出来たら結構だと思って、調和が出来るように一心に尽している

勉強する 安く売ること。また、熱心に物事に励むこと

防禦線 敵の攻撃を防ぎ守るための陣を布くこと

のですが、その私が大喧嘩をしたことがございます。去年の戦争が始まって間もなくでした。同業者の幹部連が寄りまして、同業者の中に出征者が出来たら、その送り迎え、餞別などをどうしようかというような相談をしたのであります。私もそこへ行きまして、「国家のため出て行く人だから、送り迎えも結構だが、朝早く五時ごろ神戸から大阪へ送って行くというようなことは止めて、それよりも、この組合で一つ国防献金をしよう」と私がいった。その時に、その組合の方の積立金が、特別積立が千八百六十円あったので、千円まで国防献金しようと私がいいましたところが、それは多過ぎるといって、五百円より幹部連がきかん。私はそこでどうしても千円ということを主張した。そこで調和がとれん。それで一旦その席を引きまして、有志を募って戸別訪問したけれども、なかなか実現しない。そのうちに二、三反対する人があって、どうしてもきかん。「もしどうしてもきかなければ、この組合を脱退する。こんな組合はあっても何にもならん。国家

去年の戦争　日支事変。昭和十二年から昭和二十年まで戦われた日本と中華民国との軍事衝突

出征者　軍隊に加わって戦地に行く人

餞別　別れのしるしに贈る金品

国防献金　戦時下で国防の経費を補充するために軍部に献納する金品

千円　現在の約二百万～三百万円に相当する

非常時のときに、それ位の金が出せんのなら脱退する」といって非常に怒りました。私が脱退することは非常に組合としては打撃です。なぜかというと、大阪、神戸方面からの輸出商品の中で割戻しというものを取って、一部を割いて組合の費用に積立てている、その大部分のほとんど七割までを私の方から割戻しているのですが、それを止めて国防献金するから、この組合は止めるといったところが、その位いわれるなら、組合の金を使わずに、皆銘々で醵金して国防献金しようということになり、お願いしますと、立所に三千百円も集り、非常に喜んだわけであります。

そうしますと、私はそれがために別に何とも考えていなかったのですが、戦争が始まってからは特に土嚢が私の店一軒にどんどんどんどん幾らでも註文が来て、お蔭で大変儲けさして戴いたわけですが、そういうふうで、総ていいことに使った金は、儲かるもので、また感謝の念に燃えて一所懸命に働いておりますと、不平不満も不足もなくなって、朗かに暮せる。朗

割戻し　一度納められた金銭のうちの一部を返すこと

醵金　必要な金銭を出し合うこと

立所に　すぐにその場で。すぐさま

三千百円　現在の約六百二十万～九百三十万円に相当する

土嚢　土を詰めたふくろ。敵弾や水などを防ぐために用いられる

かな気分と感謝が出て来ると、君のいうことは間違いないから、君のいうようにしろと、値段一つ値切らず聞いて戴く。この間三井物産から大阪の大日本窒素に大きな註文の橋渡しがあって、それを私の方で註文を受けたわけですが、どうもその話が朝鮮の総督府に納めるのに関係しております。或る会社が朝鮮総督府に叺を納めることになっていたが叺を他の用に使ったから納められない。叺がないから、硫安会社は硫安を断るというので総督府が非常に困りました。それで私の方へ代用品を註文されたけれども、なかなか大きな官庁を控えての仕事ですから、一日や二日では決まらない。大きな仕事を請負うのですから、三井物産を仲に立てていては駄目ですから、私直接に行きました。色々話してどうしても解決がつきませんので、仕方がないから室の外へ出ましたところ、廊下でパッタリと常務に会ったわけです。もし二、三分間でも違っておったら常務に会うことが出来ない。そして常務に会って多少話しましたら、仕方がないから、専務と相談

三井物産　明治九年に設立された総合商社

総督府　外地の政務や軍務を統轄する役所。朝鮮総督府と台湾総督府とがあった

叺　藁莚（わらむしろ）を二つ折りにして両端を細い縄で綴った袋

硫安　硫酸アンモニウム。代表的な窒素肥料

常務　常務取締役。社長や専務を補佐する地位の者

専務　専務取締役。社長を補佐し、業務を総括的に司る地位の者

するというので、専務と相談されて、僅かのうちに大きな仕事が成立したわけです。これなどは自分の力ではない。神様のお働きで、要するにお前はこの時間にこの部屋を出よ、そしたらあの常務に途中で会う、会えたら話が捗るというふうに神様がお導き下さって、大きな仕事が出来たのであります。すべてこういうふうに考えて来ますと、皆そこに神様がお捌きになってさして戴いている、それは自分が要するに神の道に叶う、神人間一体の本当の気持を始終持っておりまして仕事をさして戴くのであるというところに、そういうお捌きがあるのです。ただ自分の幸福だけを思って、他人はどうなってもいいという気持でおったら、結構な仕事は到底出来ないのであるということをつくづく私は感じさせられました次第であります。

（神戸市葺合区籠池通七ノ一六）

捌く　適切に処理する

迷夢より醒めて

原田重一

私は愚妻が病床につきました昭和十一年八月、会社の同僚から、「生長の家教化部へ伴れて行って先生のお話を聞かせてもらったらきっと快くなる」と聞かされました。けれども当時、私共は安静を要する病人をそんなに動かしては、もし熱でもこれ以上高くなったらどうするか、話を聴いて病気が治る位なら病院も医者も要らない、薬局も必要としない、そんな事があろうはずがないと思っていました。けれども現実の問題が許しません。病む者はとかく弱い気持になるのが普通でありまして同僚の勧めもあり一応「生長の家」の先生という方にお願いして宅の方へ来て戴きました。先生のいわれるには「人間は神の子である。病気はないのですよ、病気の如く見えているのは自壊作用なんです」と。けれども私は半信半疑なればまだ

頭注版㊱一八八頁

愚妻 自分の妻をへりくだって言う語

自壊作用 外部からの力によらず、内部から自然に壊れるはたらき

半信半疑 半ば信じて半ば疑う。本当かどうか迷うこと

まだしも あまり良くもないがそれでも

しも、どうも半分だけでも信ずる事が出来なかったのであります。先生が二度目か三度目にお訪ね下さった時に私から先生に質問を発しました、「先生、あなたはどういう機会から生長の家を御信仰になりましたか」と。その時は私共の期待していた程の御返事は聞くことが出来なかったのであります。なぜ期待が外れたかと申しますと当時私共の考え方はこうであったのであります。――真に悟りを開き確乎たる信念を基礎として生きるということはそう簡単に出来るものではない。否ほとんど不可能だ、背丈伸びて既に常識を備え、普通に世渡りをしている程の者はほんとの信仰の道に生きるなどということは抑々あり得べき事でない。釈迦出現この方数千年未だ本当に悟りを知れる人あるを聞きたること無しだ。しかしまた世の中には例外はあるもので、何か非常に大きな衝動を体験した人には時に迷信的に一応固い信仰を持つ人もあり得ることだ。そして、それはその体験を経た者のみに与えられた特権であって、いわば専売特許の信仰である。本当の人物は

衝動　心や感覚を揺り動かすこと

専売特許　明治十八年に制定された専売特許条例に由来する語。特許を受けた発明品を独占的に製作や販売ができる特権

本当の信念は何としても人生胎教から始めなければ駄目なのだ。生れ落ちては聖母の哺乳に育くまれ、長ずるに従っては孟母三遷の教育を受けて初めて聖者と云い道を知る人といえよう。昔の高僧はあの仏教三千巻という大部の仏典を繙き、畢生の精進を続け、尚且数年、十数年の坐禅によって初めて道を悟ったという。僅か十冊や十五冊の全集本で道を悟ったの何のという事はあり得べき事ではない。――私共は実は過去に於てそんなことを思っていたのです。「生長の家」の先生に「何んでも素直に受け容れなさい」といわれても、却々それがしかく簡単には行かないのでした。

ところが時は十月中旬(昭和十一年十月十七日)大阪市内の住居から今の阪神沿線と転宅してしばらくした時のことでした。『生命の實相』パンフレットのあることを知り、毎日大阪の会社へ往復の電車内でこれを読み始めました。数冊に亙り散見する中に予て自分がかくあるものと信じていた宇宙の真理というような事が説いてあるではありませんか。なる程よいことが書い

胎教　妊婦が胎児によい影響を与えるように精神の安定に努めること

聖母　キリストの母。マリア

長ずる　育つ。大人になる

孟母三遷　孟子の母が子供の教育のために三回住居を移した故事

畢生　一生涯。終生

転宅　引越し。転居

『生命の實相』パンフレット　『生命の實相』の内容を薄い小冊子に分け、「生長の家叢書」や「光明叢書」等のシリーズとして刊行した

散見　あちこちに散らばって見えること

てあるなと思って読んでいる内に、何か知ら前途に微ながら光明があるかのように思われて来たのであります。こうなると、ああやはり今の処では生長の家より他に仕方がないな！　と吾知らず共鳴する気持が浮んで来まして、この真理で進むならば専売特許式の悟りでなくて、ほんとに理論的に救われた人もあるであろう。それでは手っとり早く実際に病魔を克服した生きた体験者の方のお話を病人に聴かせてやろうと思うようになったのであります。そして忘れもしません。明けて十二年一月二十日大阪の生長の家教化部を初めて訪ねたのであります。先ず第一番に体験者のお導き周旋方をお願い致しましたのです。すると、その時教化部の寺田先生といわれる方から早速一喝食いました。「あなたの奥様はお腹がすいていない。お腹のすいていない病人にいくら美味しい御馳走を持って行っても駄目ですよ」とおっしゃる。そんなことはない。現にこんなにお腹がすいているのだが、よい食べ物が見つからないで困っているという私の気持であったのです。そし

周旋方　仲立ちをすること

一喝　大声で叱ること

て当日教化部来訪の迷える人々の心情を目の当りに聞き、先生の適切な御助言を拝聴し、又先生は特に私共の為に色々御指導して下さいました。又列席していた誌友方の体験談を聴かしてもらっている間に、私は不知不識の裡に心の空が白んで来て夜明に近づいて来たような気持がしたのであります。ああ今日はよいことをした、こんなのであればもっと早く教化部を訪ねたらよかったにと思ったりして、それでは明日早速本田の安田様の誌友会とやらに出席させて戴こうと心でうなずいて、いそいそと帰宅したのであります。早速病床にある妻に今日の出来ごとを事細かに話してやりました。待ち遠しい翌二十一日夕方早い目に安田積子様の誌友会を訪ねましたところが当の安田奥様が早速お会い下さったのです。その感激のまなざし、真理のお言葉はほんとにお観音様のように感じました。安田奥様の強い感激の念波が電光の如く私を打ったのであります。ああ何たる有難いことであろう。私は何かしら心の中に力強い感じがむくむくと起って来たのであり

目の当り　目の前

お観音様　観世音菩薩のこと。最もひろく崇拝されている菩薩。大慈大悲に富み三十三の姿に変じて人間の一切の悩み苦しみを除くとされる

ました。すると間もなくお座敷にはだんだん人々が増して来る。この時初めて「生長の家」誌友会の旺んなるに驚異の眼を瞠ったのであります。誌友会に於ける皆様の御体験談は真剣そのものでありました。翌々二十三日は再び安田様へ押しかけて参りましたら、お忙しい中を午後の半日は御主人諸共私の為に声涙下る御体験談を聞かせて下さいました。私は本当に感激しました。本当に有難かったのです。一切衆生仏性ありとはこの事でしょうか？　二十一日の教化部で受けた黎明の微光が、この三回の御縁によっていよいよ日の出に近づいて来たのです。私の生命は勇躍せずにはいられませんでした。もうこうなると不思議なもので胎教を唯一の理想とすることも必要としない、事業の失敗もいらない、病気の体験もいらない、三千巻の仏典を一々繙かなくとも悟りはあるものだ、信念を持つことが出来ると思うようになって来たのです。過去久しきに亘る私の根強い迷夢もいよいよ覚めて来たのです。殊に神を知り仏を知り、総てが吾が心の反映であること

声涙下る　「声涙倶(とも)に下る」より。感動のあまり涙を流して話すこと

黎明　夜明け。明け方

勇躍　勇み立って心がおどること

が判って参りますと、罪悪深重の凡夫がいつしか姿を消し、茲に初めて大きな重荷を下して法悦に満たされた気持の吾が存在がぼんやりながら浮んで参ったのであります。何と有難い事でございましょう。ここに初めて半年前から橋本先生の播いて下さった種子が遅まきながら芽生えて来たのでありました。

　久しい間神縁無きをかこっていた私共一家も、ようやく神縁に結ばれ、安田様もわざわざ数回病妻をお見舞下さってほんとの生々しい体験の息吹きを注入下さるし、阪神間誌友の河田先生も直接病人の御指導を下されて私共一家は病家に似合わぬ明朗な日々を送ったのであります。生来信仰方面には殊に関心を持たなかった病妻もとみに心境が変って参りまして「朝に道を聞かば夕に死すとも可なり」という心境にまで達することが出来ましたことは何としても有難いことでなければなりません。

　四月十三日払暁は殊に思い出の深い日で妻が既に危篤状態になったので

かこつ　自分の境遇を嘆いたり、愚痴をこぼしたりすること

病家　病人のいる家

生来　生まれつき

とみに　にわかに。急に

「朝に道を…」『論語』「里仁」にある孔子の言葉。朝に真理を知ることができれば、その日の夕方に死んでも悔いはないという意

払暁　明け方

あります。長女が枕頭で『甘露の法雨』を読誦し終って後数分、午前三時妻は安らかに昇天致しました。ほんとに平和な往生でありました。死の前日十二日には一人の姉に対してもあまり口を利こうともしなかったのです。死の前姉がせめても何か聞きたい気持でメモと鉛筆を持たせたところ、妻は何気なくメモと鉛筆を執り何と書くかと見詰めていたら只「生長の家」と四文字の鉛筆を遺したのであります。常日頃から精進の道に励んでいた人なればともかく、死の直前に立った時に於て悲しみ無く、恐怖無く、疑念無く、只一途、安心往生を得せしめ給うた生長の家の御教えは何たる尊いものでありましょう。如何に偉大なものでありましょうか！　如何に有難いものでありましょうか！　到底筆舌の尽すところではありません。最愛の妻を失った、この私が以前の私でしたら、まことに気も転倒せんばかりであったでしょうに、今は静かに亡き妻の冥福を祈れる平和な気持が何より有難いことに存じます。

一途　その方向ひとすじ

筆舌の尽すところでない　文章や言葉ではとても表現できない

転倒　落ち着きを失ってうろたえること

宇宙創造の昔より神の言霊によって造られた世界に神によって無限に生かされておりながら形にとらわれ、人物を評し、吾自らも罪悪深重の凡夫なりと信じて、この神の声、生命の実相の御教えをどうしても無条件に信じ得なかった過去の私が、この生長の家の御教えこそ、宇宙蓮華蔵世界に成り鳴り響いている神の御声であり、仏の御声であることを本当に信ずることを得た、今日の私は誠に幸せであると存じます次第であります。

（兵庫県武庫郡精道村打出久保二二）

無痛分娩の体験

岡藤甚三

昭和十一年秋中島先生が私宅の座談会においでになりまして無痛分娩についてのお話がございました。ちょうど私の家内も妊娠中でございましたが、先月、ちょうどこの講習会が始まりますちょっと前分娩をしたのであ

言霊　一音一音の言葉の響きに宿る不思議な霊力。古来日本の国は「言霊の幸（さきは）う国」と称された

蓮華蔵世界　浄土宗で極楽の別称。阿弥陀仏の浄土

頭注版㊱一九四頁

ります。無痛分娩のお話を聴いてこれが体験を得たいと希い、又家内にも話してその心持で時々無痛分娩のことを祈っておりました。今年三月十六日に分娩致しましたが、その分娩の模様を皆様にお伝えしたいのであります。どうも平生の陣痛と異う。平生というのはちょうど七人目の子供でありますが、今回は、どうもお腹が少し張るようであまり痛くもない。これは生れるのではあるまいとこう考えておりましたが、時間を切ってお腹が少しずつ張るような気持がする。そこで生れそうだというので産婆さんを招びました。産婆さんが来られてから間もなく、「これは生れましょう」と申された。ちょうど今女学校に行っております子供、女の子二人に隣の部屋で『甘露の法雨』を読誦させたのであります。あまり大声で読むと妻に騒がしいと思い、僅かに聞える程度に読んだらよかろうと申しまして、私は私の居間に籠っておりました。しばらくすると赤子の生れた声が致します。「あ、生れたのだ、早く行ってみよう」と思っておりましたが、なかなか産婆さんが呼んで

平生　ふだん

女学校　旧制で、女子の中等教育を行った学校。高等女学校

くれない。と急にけたたましく産婆さんが、「旦那さん早く来て下さい」という。その言葉が只の叫びではないのです。何か異常なものを感じて飛んで行きましたところ、「奥さんが全く人事不省のようです」という。脈をとると、脈は動いております。それから家内の顔を見ますと、軽く目を瞑って異常の様子であったのです。「これは大変だ、このまま死ぬのではないか」と思いまして、寝ておる子供達を一人一人呼び起しまして枕頭に坐らせたのであります。それから『甘露の法雨』をとって顔から胸の上を二回程擦った。そうすると家内がぱっちりと大きな眼をあけまして一つも変った様子がない。「どうしたのだ?」というと「どうも致しません」と微かに答える。私は、その状況を知りませんから、家内に尋ねてみた。すると家内は「隣室で子供達の誦している『甘露の法雨』の誦み終る声が微に聞える中に、何も覚えずなってただ睡いから睡ったのです。産婆さんの『少し力を入れていきみなさい』という声が、夢のように聞えたので、私はいきんだ。それか

人事不省　昏睡状態に陥り、意識を失うこと

ら後は何事も知りません。睡いから眠りました」という。産婆さんに訊いてみると「いや私もちょっとも知りません。赤ちゃんのお始末をして奥さんを見ると、ただ眠っていらっしゃるとも思えない程御様子が静かなものですから、それで旦那さんをお呼びしたのです」というのであります。そのように、全然苦痛というものがなかったのであります。これが無痛分娩の私の初めての体験でございまして、普通の無痛分娩とは全然様子が異うものですから申上げました。お礼申上げます。

（山口県萩市大字平安古一七九）

妻の無痛分娩

成瀬一郎

生長の家入信以来のいわゆるお蔭は私、あまりにも無数に頂いておりますので、いつも誌友会等でお話さして頂く時にはどれから話さして頂こうかと迷う程でございますが、その中の三、四を語らして戴きます。

赤ちゃんのお始末 産湯(うぶゆ)を使ったり、臍帯の手当てをしたり、産着(うぶぎ)を着せたりする等の出生直後の処置

頭注版㊱一九六頁

その一つは家内が無痛分娩させて頂きました事でございます。従ってこれは私自身の体験ではございませんが、自他一体であります故に、また私自身の体験と信じてもよいのではないかとも思っています。

昨年の二月頃、家内が妊娠しました頃には、まだ生長の家の存在が私に解らなかったものですから、従って悪阻なんかも世間並に体験さして頂いて来たわけです。そして九月にはじめて『生命の實相』を友人から借りて読みました。多くの方々と同じように、私も巻頭の「大調和の神示」を初めて読まして頂きました時に、思わず「これだ！ 永らく赤児の母の乳房を求むる如く私の探しておったものは。おそらく私の生まれ出ずる前からこれを探し求めて、そしてこの娑婆世界に生をうけて来たのだ」という感じが、それはもう本当にしみじみといたしました。こんな有難い御本を、借り読みは勿体ないと存じまして、早速と光明思想普及会の方へ御送金申上げたようなわけであります。

悪阻　妊娠初期の妊婦に起こる身体の不調

娑婆世界　この世。俗世界

光明思想普及会　昭和九年十一月に著者が設立した出版社。設立時の顧問は著者、社長は宮崎喜久雄。ここで各種各版の『生命の實相』全集が発行され、月刊誌『生長の家』も引き継がれた

その間、二、三日で二つも三つも今まで病気の問屋みたいに病気していました私の肉体から痔が消えたり、近眼と乱視を同時に忘れたり、喘息が消えたり、色いろとお蔭をうけました話がございますが、ここにはこれだけの事実を述べさせて頂きまして次に移りますが、そのうち段々御本も読み進み、又家内のお腹も生長して来ますにつれて、「お母さん、無痛分娩というのがあるが、どうです。あんた、お腹が痛まずに産めたら大変好いと思うんだが、一つこれをお願いしてみましょうか？」「それは結構ですわ。私三十一にも成っていながら初めてのお産ですから、実は内々案じているのですが、本当に出来ましょうか？」と流石に家内は心配そうです。「出来るよ。ちゃんとここにその実例が書いてあるんだから確かだよ。無痛安産なんていってもそう難かしい事でもないのだ。今まで皆なお腹が痛んだのは、女は業が深いからとかお産は女の一生の大厄だとか勝手に決めていたから決めた通りに痛んだので、子供は吾々が勝手に拵えるものでもなく、また産

大厄　非常な災難

むのでもない、神様が産まして下さるのだから、それにまた、人間には罪なんてものは本来無いのが本当なんだから、痛まずに楽に産めるのが本当なんだ、という事が書かれてある。要はそれを信じたらよいのだよ」と申しておりました。

まあ、こんな具合から最初は無痛分娩を目標に、聖経『甘露の法雨』読誦だ、神想観だと一所懸命に精進し出したのです。そのうち不思議な事が起ってきました。聖経を誦げますと、きまってお腹の中の子が動くのです。それも盛んに動くのです。私が『生命の實相』を読み始めました時と同じように、無心の胎児にもそれがどんなにか大きな悦びだったのでしょうと今も思わして頂いていますが、それ程お腹の中で悦んでいるのです。そしてそれ迄は月が進んで来ていわゆる身重になって来ますにつれて、何となしに大儀に感じておったのが解消してしまったのです。

又親心とでも申しましょうか、まだお産迄数ヵ月もあるという時から私

無心　無邪気なさま

大儀　つらい。体がだるい

は生まれ出る子の名前を考え出したのですが、その名前が又不思議な事には女の児の名ばかり浮んで来るのです。で遂に弥栄の「弥」という字と生長の家の「生」、生命の「生」という字を頂いて弥生と名附けました。弥生は三月の事ですが、生れる月まで既にこれで決まったわけになると見えまして、産婆さんが何回も「四月下旬に生れる」又出産直前にも、「予定日より二十日も早く産れる子は従来の経験上絶対に男の子です」などといわれたにもかかわらず、やはり三月にしかも女の子が生れました。これはまあ後のお話ですが、そうこうしております内に、三月の中程の事でした。例の如く家内を前に坐らせ私達が共に神想観をしまして、無痛安産を念じていました時、突然私の頭に閃めいた言葉があります。それは「無痛安産は既に決定している事実である。神の愛は願うものにも、願わぬものにも遍満しているのである。吾々に無痛安産させ給えと祈るのではなく、既に決まっている無痛安産の事実に対して、神の愛に対して感謝するのでなければならない」

弥栄　いよいよ栄えること。ますます盛んになること

遍満　あまねく満ちわたっていること

と。――

「真理はここにあったんだ」と語りました。私達は以後、殊更に無痛安産させ給え、とは念じなくなりました。換言しますれば出産に関するすべての怖れが完全にこの時より解消したわけです。すると三月の二十七日の事です。家内がその日に限って「もう何となしにお産の用具を急に揃えたくなって来て、どうにもならぬので、すっかり買い整えて来ました」というのです。洗濯物などもその日のうちにすっかり済ましてしまって、何一つ心残りというものが無くなるまで片附けてしまったといいます。見ますと、成程その通りになっている。整理すべきものはすっかり整理し、用意すべきものはすっかり用意が出来ていて、もう子供の産衣はもとより、タオルから石鹸、子供の身体を洗う時に使いますコンニャクのたわし見たようなもの、そんなものまで揃っているのです。しかも私達は、子供は産婆さんのおっしゃったように四月の末に生れるものだと信じ切っていたのでした。まあそん

産衣　生まれたばかりの子供に着せる祝い着

見たような　…みたいな

なわけでその夜も田舎の事ですから、家内中で近くの親戚へお風呂を貰いに行って来たりして平気でおったのです。そして帰って来て、床をとろうとしましたら破水が来たのです。「あら、もう生れるのでしょうか？」「ああ、生まれるのかも知れない。ちょうど好いじゃないか、手っ取り早いところで産んでしまいなさい」「ええ」というようなわけで私が床をとりまして、それから直ぐ産婆さんを招びに行きました。が、産婆さんは「そうですか、そして大分痛んで来ましたか？」といって訊きます。「いや、何ともありません」「そんならまだなかなか……」「いやところが私の家は他所さんと異いまして、痛まないんです。全然痛まないで安産出来るという事に成ってるんですから、恐れ入りますがともかく一度来て診てやって下さい」というような事でやっとお願いして来て頂いたのですが、診てもらいますとやはり生れるのだといいます。しかしおそらく明朝六時過ぎになるでしょうとの事で一旦帰って行かれました。そこで私達もいつまで起きておっても

お風呂を貰う　よその家の風呂に入れてもらうこと。もらい風呂。もらい湯。本書執筆当時には浴室がない家庭も多かった

床をとる　布団を敷いて寝所を作ること

破水　分娩時に卵膜が破れて羊水が流れ出ること

仕方がないので十二時過ぎでしたがそのまま床につきました。寝る前に「あんた無痛安産は絶対事実だから却って気をつけて寝なさいよ。うっかり寝ていて朝になって目を覚したら子供が母の下敷きになってオギャア、オギャアやってるというような事にでもなったら、第一子供が可哀そうだからね」といって寝たのですが、一時間もしますと「お父さん、どうやら出て来そうです。済みませんが起きて頂戴」というのです。「よし来た！」というので早速起きて産婆さんを招びに行く、家内の姉を呼び起してお手伝いをお願いする、そして私は産湯を沸かすという調子で、約一時間、その間も家内は普段と同じ顔をして、唯生れ出る子の事を楽しく心に描いておるような有様でした。

やがて私はすっかり準備を終ったので隣室に退いて聖経を読誦し始めました。聖経が半ばを過ぎて間もなく、ふと気附きますと、それまで静かであった隣室で、元気な可愛い、まあこれは自分の事ですから、可愛いのは当

産湯　出産直後に新生児を初めて入浴させること。また、その湯

り前かも知れませんが、可愛い赤ん坊の泣き声がしているのです。思わず私はニッコリしました。すると姉が私に「生まれましたよ」と声をかけてくれました。「そうですか、そちらの部屋へ行っても好いんですか？」「エ、エ、どうぞ」というわけで行ってみますと産婆さんが赤ん坊を抱っこしてニコニコしている。家内の方をみますと、家内もニッコリしている。姉もニッコリ、私もニッコリ。もう家内中が、本当にニコニコと笑顔の氾濫です。その中で、泣いているのは赤ん坊だけですが、これはまあ、私その当時は些か残念に思いましたが、後で大阪におります伯母にききますと、「そらお前、そんな早うから笑うたらばけもんやがな」という事でしたので、いってみれば私達の子がばけものでなく、やはり神の子であった事の証明になるわけでありまして、やはり赤ん坊だけは笑わないでよかったと思いました。

その内子供の始末も済みまして産婆さんと姉との話が始まりました。「本当に楽にお生まれになって結構でしたね」「やはり信心はしなければなりませ

些か　ほんの少し

んね」等といっているのです。それだけで済ましてくれればよかったのですが、「しかしよくこのお産の後で痛む人がありましてね」「そうですね。後腹が痛むといいますがあの苦しさはまた別ですね」ああ拙い話をしてくれるなあと私は思いましたがそのまま黙っていますと、しばらくして御両人は帰って行きました。やれやれと思って後の取片附をしていますと、家内が「ウーンウーン」とやり出したのです。「どうした？」といいますと「後腹が痛み出した」というのです。オヤオヤと思いました。しかしこんなはずは無いと思いまして「それやお母さん。あんた今の話をきいて『痛むんだ』と心に念ったから痛むんだよ。生れる時は痛まないものが、今頃痛むはずはないじゃないか。今頃痛んだって間に合わんじゃないか」といったのです。「痛むなんて考えるのは迷だよ。そんな迷を受けるからいけないんだよ。あんた赤ちゃんが楽に生れて来た時にああ有難い事だと神様に感謝しましたか？」「ああ忘れていました」「恩を忘れてはいけません。お礼を忘れる心が迷と波長を合わすんだよ。だから痛み本来無いのに痛むんだ。今からでも遅くはない。お礼を申しなさい」こういいまして、私は枕頭に坐して瞑目合掌「痛みなし痛みなし」とこれだけを二、三分も念じまして、そして「それもう治ったでしょう」と申しました。「ええ有難う」というのでもう翌日、いやその数時間後から独りで、詳しくは神様と二人で、田舎の事ですから便所が下にありますが、その便所へも行きますし、二、三日したら御飯も自分でたきますし、食物等もそんなですから始めからお粥など病人臭くて嫌だからと申しましてお茶漬でサラサラやっておりました。五日目にはもう完全に起きて洗濯まで出来るようになりまして、そのまま今日まで至極壮健でおります。子供もそんなふうに生れましたので「この子は神の子だ」という親の信念が特に強いものですから始終「神の子だ」「お経の子だ」と云い云いしておりまして、いやしくも事この子に関する限り絶対に心配をしないのです。一度母親がその後二ヵ月ばかりしました時にちょっと下痢しまし

壮健　気力や体力が満ちあふれ、丈夫なこと

いやしくも　かりにも。かりそめにも

て、二日程寝たり起きたりブラブラしていた事がありましたが、その時などはこの生後二ヵ月の赤ん坊にそれがよく解っていると見えまして、その二日間というものは不思議な事にお襁褓の世話もかけねば授乳の世話もほとんどかけないで、それでいて始終ニコニコと元気にしているのです。母が治ったらまた泣いたりオシッコをしたりしていましたが、これもまあ出てくれるので有難いわけですが、又、この頃はお誕生もすぎましてヨチヨチ歩きかけていますが、先日も乳母車の中に入れておきましたところ、中で立ち上って何かやっておりますうちに土間の漆喰の上へ、一度は真逆様に、二度目は途中で自転車のどこかに一たん当って後落ちたそうですが、瘤どころか擦り傷一つ出来ないですみました。世の親たるもの、頭を打てば痛いはずだとか何とか彼とか、そうした事を無心の神の子に教え込まない事だと、つくづく感じました次第であります。

それからこれに関連しました事で今一つお話させて頂きますと、私方

漆喰 石灰に粘土やふのりなどを加えて塗り固めた建築資材

は、私の家を加えて四軒の家が共同の家の表にあります井戸の水を使わして頂いているのですが、この井戸が、私方がその家に移って来ますまでは毎年夏になりますと水が涸れて、他所へ貰い水に行っておられたのだそうでありますが、このお産後、私の方が赤ん坊のものの洗濯等でほとんど他所さんの二、三倍の水を使いますのに、その水が夏が来ても流石に増しはしませんが一向に減らないのです。当時私達は、そこでは初めての夏だったものですから少しも気附かないで、唯、水がたくさんあるので洗濯をするのに気兼ねがなくってよい位に思っていましたが、後に御近所の方から「今年はこの井戸少しも水が減らないが不思議ですね」「何だか却って水が澄んで来るように思います」等きかされまして、初めて神様の聖愛がこんな所にまで延びている事を悟らして戴きまして、一層うれしく有難く思わして戴いております。

その他最近では、天地一切のものと和解するには如何にこれを観れば感謝

貰い水　よその家から水をもらうこと

し得るに至るであろうかという問題につきまして悟らして戴きました。この自己を感謝に導くには種々の観方がありまして、例えば「大難が小難で済んだら結構だ」「これであの人が（又はこの事件が）私の過去の業を解いて下すったのだ」等種々ありますが、従来の私はそう素直に考える事をし得なかったものですから、仮りに何か面白くない事――俄雨に逢うとか、身体の調子が悪いとかいう場合、ちょっといやな気がするのですが、その時また直ぐ思い返して「ああそうだ、天地一切のものと和解し感謝しなければならなかったんだ」と気づきます。そしてここまでは好いのですが、この先がも一つはっきりしなかったのです。ここでさてどういうふうに考えたらこれを有難いと思えようか、といつも迷ったのです。「大難が小難で済んで……」も「過去世の業因が……」も、私には何となくわざとらしくてピリッと来ない為に永らくこの問題の為に考えさせられましたが、先日「神一元、如来一元の世界には有難くない事なぞは一つもないのである。感謝の中に神が

大難が小難で済む　災難が思ったよりも軽く済むこと。もっと大きな災難のことを思えばあきらめがつくこと

過去世　この世に生まれる前の世。前世
業因　楽しみや苦しみを受けるもとになる善悪の行為

あり合掌の中に如来が在ますのであるから、有難さなるものは実在の代名詞であって理窟によって初めて存在に入るようなものでは無い。理窟は不要だ。一切の理論を超脱した処にのみ真理なる感謝があるのである。先ず感謝せよ、一切の事象は須臾にして有難さのみなる実相を顕現するのだ」と悟らして戴きまして以来、近頃では本当に理論を超脱して、すべてのものに感謝し、すべてのものの奥にある実相に帰一して合掌し得るようになりまして、本当にこれも谷口先生のお蔭であると、唯々感謝さして戴いております。

今一つ私は幼くして両親に死別しまして、永らくの間いわゆる「孝行のしたい時には親はなし」の嘆を深く抱いておりましたのが、「生長の家」に依って霊の不滅を本当に理論だけでなく信じさせて戴きまして「親孝行は今からでも遅くはない」事実を認識さして頂きまして、歓喜に満ち法悦にひたされつつ盛んにそれの実修をさして戴いています事等、数え上げればまこ

在ます　いらっしゃる

超脱　超越すること

須臾　仏教語。わずかの間

歎　なげき

とに際限(さいげん)がありません。まったく有難(ありがた)い事(こと)であります。合掌(がっしょう)、唯(ただ)合掌ある
のみであります。（大阪府南河内郡金岡村金田）

際限　きり。果て

第五十八巻索引

＊頻度の多い項目は、その項目を定義、説明している箇所を主に抽出した。
＊関連する項目は→で参照を促した。
＊一つの項目に複数の索引項目がある場合は、一部例外を除き、一つの項目にのみ頁数を入れ、他の項目には→のみを入れ、矢印で示された項目で頁数を確認できるよう促した。(例　「神の愛」「宇宙の真理」等)

〔う〕

〔え〕

〔お〕

〔か〕

〔き〕

〔く〕

〔け〕

〔さ〕

〔し〕

〔す〕

〔せ〕

〔そ〕

〔た〕

〔ち〕

〔つ〕

〔て〕

〔と〕

〔な〕

〔に〕

〔ね〕

〔の〕

〔は〕

〔ひ〕

〔ふ〕

〔へ〕

〔ほ〕

〔ま〕

〔ゆ〕

〔よ〕

〔ら〕

〔り〕

〔れ〕

〔ろ〕

〔わ〕

箴言・真理の言葉

新編　生命の實相　第五十八巻　功徳篇

宝樹華果多し

令和五年九月五日　初版発行

著　者　谷口雅春

責任編集　公益財団法人 生長の家社会事業団
谷口雅春著作編纂委員会

発行者　白水春人

発行所　株式会社 光明思想社
〒一〇三―〇〇〇四
東京都中央区東日本橋二―二七―九　初音森ビル10F
電話〇三―五八二九―六五八一
郵便振替〇〇一二〇―六―五〇三〇二八

装　幀　松本　桂
本文組版　ショービ
印刷・製本　凸版印刷
カバー・扉彫刻　服部仁郎作「神像」©Iwao Hattori,1954

ISBN978-4-86700-048-9

光明思想社の本

谷口雅春著

新編 生命の實相

責任編集 公益財団法人生長の家社会事業団 谷口雅春著作編纂委員会

数限りない人々を救い続けてきた
〝永遠のベストセラー〟！

第一巻 総説篇 七つの光明宣言
　　　 光明篇 生命に到る道
第二巻 実相篇 光明の真理（上）
第三巻 実相篇 光明の真理（中）
第四巻 実相篇 光明の真理（下）
第五巻 生命篇 生命円相の真理（上）
第六巻 生命篇 生命円相の真理（中）
第七巻 生命篇 生命円相の真理（下）
第八巻 聖霊篇 燃えさかる聖霊の火（上）
第九巻 聖霊篇 燃えさかる聖霊の火（中）
第十巻 聖霊篇 燃えさかる聖霊の火（下）
第十一巻 実証篇 生長の家の奇蹟について
　　　　 精神分析篇 精神分析による心の研究
第十二巻 生活篇 「生長の家」の生き方（上）
第十三巻 生活篇 「生長の家」の生き方（下）
第十四巻 観行篇 神想観実修本義（上）
第十五巻 観行篇 神想観実修本義（下）

第十六巻 霊界篇 霊界と死後の生活（上）
第十七巻 霊界篇 霊界と死後の生活（中）
第十八巻 霊界篇 霊界と死後の生活（下）
第十九巻 万教帰一篇 真理の扉を開く（上）
第二十巻 万教帰一篇 真理の扉を開く（中）
第二十一巻 万教帰一篇 真理の扉を開く（下）
第二十二巻 教育篇 「生長の家」の児童教育法
第二十三巻 倫理篇 永遠価値の生活学（上）
第二十四巻 倫理篇 永遠価値の生活学（下）
第二十五巻 人生問答篇 人生の悩みを解く（上）
第二十六巻 人生問答篇 人生の悩みを解く（中）
第二十七巻 人生問答篇 人生の悩みを解く（下）
第二十八巻 宗教問答篇 人生の悩みに答う（上）
第二十九巻 宗教問答篇 人生の悩みに答う（中）
第三十巻 宗教問答続篇 人生の悩みに答う（下）
第三十一巻 自伝篇 神示を受くる迄（上）
第三十二巻 自伝篇 神示を受くる迄（中）

定価各巻　1,676円（本体1,524 円+税10%）

定価は令和五年八月一日現在のものです。品切れの際はご容赦ください。
小社ホームページ　http://www.komyoushisousha.co.jp/